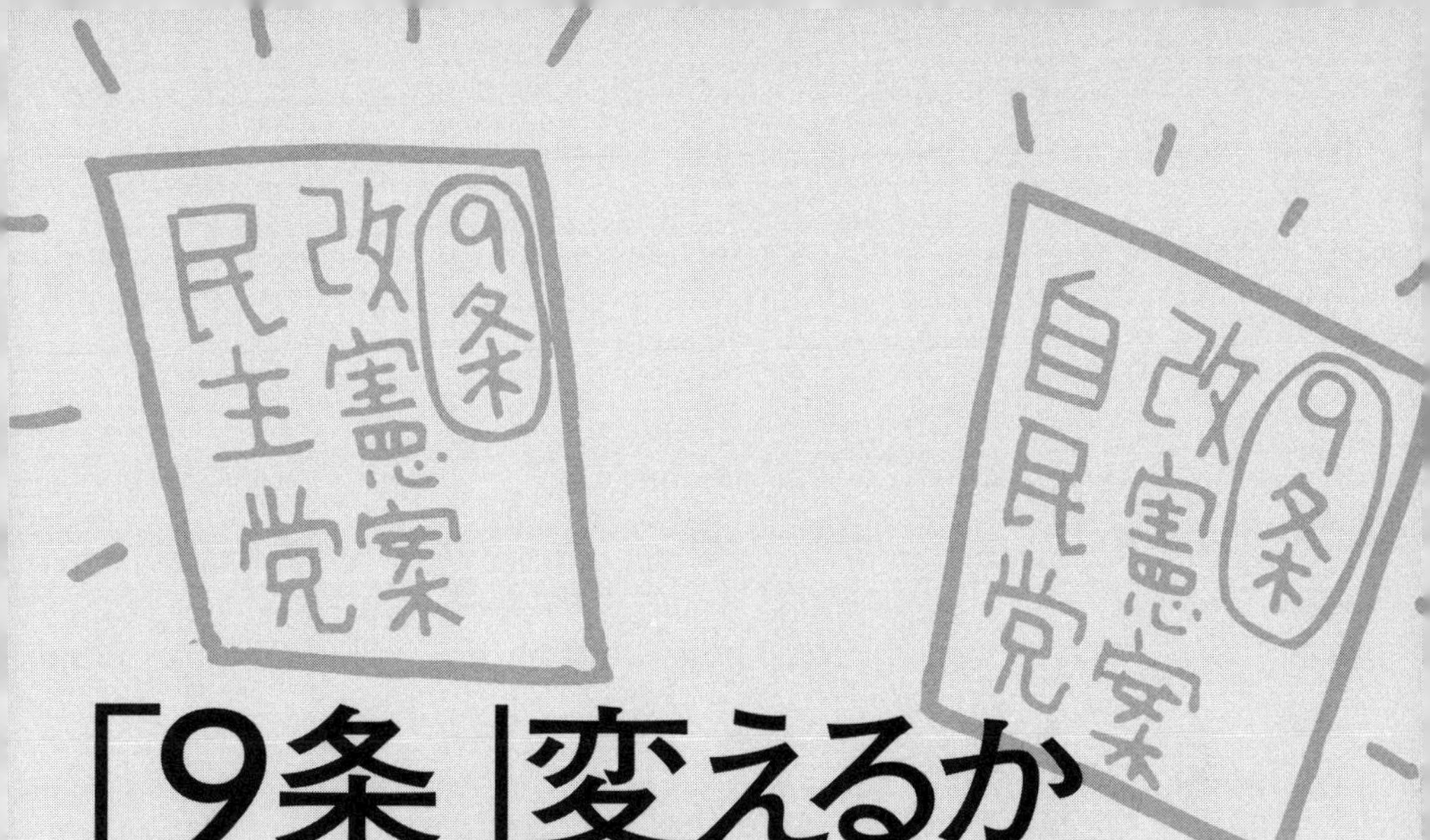

「9条」変えるか変えないか

憲法改正・国民投票のルールブック

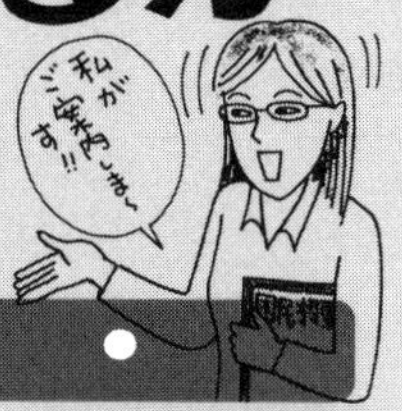

[編著]
今井 一（ジャーナリスト）

現代人文社

はじめに

憲法改正の動きが加速化しています。自民党は結党五〇周年にあたる〇五年一一月までに党の憲法改正草案を作ると表明。民主党も同様の案を〇六年中にまとめるとしています。こうした動きに呼応するように、財界トップを擁するさまざまな団体からも憲法改正の具体的な提言が行なわれています。そして、その眼目となっているのは、まちがいなく「九条改憲」です。

「北朝鮮による拉致《らち》事件」や「九・一一以降頻発《ひんぱつ》するテロ」の影響もあり、国会では九条護憲を掲げる共産、社民両党の議席が大幅減。こうした追い風を背に、政府・自民党は自衛隊のイラク派遣に続き多国籍軍への参加も果たしました。あとは「現行憲法下においても集団的自衛権の行使は可能」という解釈を押し通すこと。これにより憲法九条で「交戦権」が認められていないにもかかわらず、アメリカが絡む戦争に日本が参戦できるようになります。自民党はこうした憲法九条の「解釈改憲《かいしゃくかいけん》」（法解釈の変更による実質的な改憲）を強引に進めているのですが、その一方で、国民投票法の制定など「明文《めいぶん》改憲《かいけん》」（正規の手続に則《のっと》り行なう改憲）への準備も着々と整えています。

憲法改正の発議に必要な衆参各院三分の二のハードルは高く、これを越えられない改憲《かいけん》派《は》は、半世紀の長きにわたりハードルの下を潜りぬけるようにして「解釈改憲」を進めるしかありませんでした。ところが、今や状況は大きく変わりつつあります。

・自衛隊を正規の軍隊にすべし。
・侵略戦争を禁じつつ交戦権を持つべし。
・集団的自衛権の行使を認めるべし。

――これが九条改憲派の主張なのですが、自民、民主両党の相当数の議員はこうした内容での九条改憲を是としています。つまり、九条改憲派は今や三分の二のハードルを跳び越える能力を有しているということです。

したがって、この先どちらの党が政権を担《にな》おうと、自民・民主の二大政党が組んで改正の発議《はつぎ》を行なう形は整いつつあり、私たち主権者は「九条改憲」の是非を問う国民投票がすでに政治的日程として組み込まれつつあることを理解せねばなりません。

憲法改正の手続は［改正案の作成］から始まり［改正の是非を問う国民投票の実施］に至るのですが、こうした手続を進めるには［国会法の一部改正］と［国民投票法の制定］が不可欠。これらの法律は、国会が憲法改正を発議したり国民投票を実施する際のルールとなるもので、これは投票結果に多大な影響を及ぼすことになります。

自民党は公明党のみならず、民主党とも調整を図りながら、早ければ、〇五年秋の臨時国会で国民投票法案を提出しようとしています。こうした動きに対して九条護憲派《ごけんは》は、「改憲の一里塚《いちりづか》造《づく》りとなる国民投票法の制定に反対」と主張します。でも、そうは言っても国会法の改正や国民投票法の制定は「憲法改正の発議」とは違い、衆参各院で過半数の議員が賛成すれば成立します。つまり、自・公の連立与党だけで果たせるということです。となると、共・社両党や九条護憲派の人々がいくら「反対」

と叫び続けても、近い将来、両法が改正・制定されることはほぼ間違いありません。ならば、九条護憲の立場にあっても、改正・制定を阻止するというのではなく、まともな法律（ルール）が作られるよう立法府に働きかけるべきではないでしょうか。

憲法改正の是非を決める国民投票は、私たちの最も重要な主権行使の機会です。だから、護憲派であれ改憲派であれ、どんなルールにするかについてはみんなで考え、私たちの意思が正確に反映されるようにしたい。そう考えた私は、おかしなルールにされないよう、国会での審議が始まる前に主権者の側が「真っ当な国民投票のルール」を作って広く国民に示すとともに、衆参両院の全議員に対して、立法化の際それを採用するよう求めることを提案しました。

この呼びかけに多くの学者、主婦、学生、議員、ジャーナリストらが応えてくださり、ルール作りを進めるべく〇四年春から始めた勉強会は、東京、大阪、福岡などで回を重ね、投票方式の問題の他に「未成年にも投票権を与えるか否か」、「テレビなど放送メディアを使ってのPRに制限を加えるべきか否か」等々、考えを述べ知恵を出し合って決めるべき事柄は多岐にわたりました。

こうして〇五年一月には真っ当な国民投票のルール「市民案」を作成し、全国会議員にこれを送付。そして、三月にはこの問題に深くかかわっている国会議員を市民のフィールドに招き、真っ当な国民投票のルールとは何かを話し合う公開討論会を開催しました。三時間に及ぶこの討論は非常に充実したものになり、聴衆のみならず登壇した議員からも好評を得ました。その討論の詳細を、この本の第二章で紹介しています。

さて、私たち日本人が一度も経験したことがない「憲法改正・国民投票」とはいったいどういうものなのでしょうか。そしてそれはどんなルールで行なわれるべきなのでしょうか。そのことを学んでいただくためにこの本を作りました。そして、憲法問題の初心者にも理解していただけるように、できるだけわかりやすくと心がけました。

第一章では「九条改憲」問題にかかわる基本的な用語や動きなどに関してQ＆A方式で解説しています。

第二章では公開討論会でのやりとりを採録しました。国民投票のルール設定の具体的な中身について、ここから学んでください。

第三章では「憲法改正・国民投票」による九条問題の決着、つまり「国民（主権者）による国家意思の決定」を否定し阻《はば》もうとしている人たちへの批判を、やや専門的に記しています。

加えて、読者に今後の展開を具体的にイメージしてもらおうと、「九条改憲」国民投票の近未来ドラマを作り漫画化しました。

では、Q＆Aからどうぞ。

目次

第2章　真っ当な国民投票のルールとは

【公開討論会】
〈改憲の是非を問う国民投票〉
どんなルールで行なうべきか
改正国会法と国民投票法を論じ合う

パネリスト……中山太郎（衆議院憲法調査会会長）
保岡興治（自民党憲法調査会会長）
枝野幸男（民主党憲法調査会会長）
魚住裕一郎（公明党憲法調査会事務局次長）
阿部知子（社民党政策審議会会長）
コーディネーター…今井　一（ジャーナリスト）

①

国民投票の活用を求めながら、
国民の多くは憲法改正手続について正しく理解していません。
なぜなんでしょう？

第3章　国民（主権者）による国家意思の決定を否定してはならない

第1章
「九条改憲」Q&A

◎◎◎◎◎◎◎◎

憲法改正とは
国民投票とは

Q1

《憲法改正とは》

「改憲派」って何「護憲派」って何

新聞や雑誌の記事、あるいはテレビ・ラジオの報道番組などでよく使われる言葉ですが、「改憲派《かいけんは》」というのは日本国憲法を改めるべきだと主張する人たちのことを言い、「護憲派《ごけんは》」というのはその必要はないと主張し、改憲に反対する人たちのことを指します。

改憲すべしと考える人たちの理由はさまざまです。たとえば自主憲法制定運動を行なっている人たちは、「現憲法はマッカーサーを最高指導者とするGHQ（連合国総司令部）が、占領下にあった日本に無理矢理押しつけた憲法だから良くない。日本人が自主的に新たな憲法を制定すべし」と主張しています。

他方、「押しつけなのでだめだ」とは考えないが、制定・施行から六〇年近く経ち、日本社会やそれをとりまく国際環境は大きく変容したのだから、現実社会に対応できるように憲法を改めるべきだと主張する人たちがいます。彼らの中には、全面改正派と部分改正派がいて、後者は憲法九条をはじめいくつかの項目について「改正」すべきだという立場を取っています。

では「護憲派」とはどういう人たちのことを指すのでしょうか。かつては「自衛隊は憲法違反、憲法九条を護《まも》ろう」という人たちのみが「護憲派」と呼ばれていましたが、最近では自衛隊を合憲・合法だと認めながら九条護持をいう人たちも「護憲派」と呼ばれています。

ちょっとややこしいのは、九条についてはこのままでいいとしながら、第一章に明記してある天皇条項についてはこれを削除すべきだとか、環境権、プライバシー権を憲法に盛り込むべきだと主張する人たちの分類です。彼らは「改憲派」？　それとも「護憲派」？　そういった大雑把《おおざっぱ》な言い方では、正しく言い表せません。これからは「九条護憲派」「九条改憲派」といった具合に、護憲・改憲の対象となる事柄を個別に示すべきではないでしょうか。

9条護憲派ブラザーズ
元祖
自衛隊は憲法違反 9条を護ろう!
新参
9条を護ろう! でも、自衛隊は認めるよ。

9条改憲派ブラザーズ
自衛隊は、合憲。でも9条を改めて正規の軍隊に!
自衛隊は違憲 だから9条を改めて存在を明確にしよう!

Q2

《憲法改正とは》

「明文改憲」って何「解釈改憲」って何

日本国憲法のように文章化された憲法を成文憲法《せいぶんけんぽう》と呼んでいます。「明文改憲《めいぶんかいけん》」というのは、こうした憲法の条文について、字句上の修正、削除、あるいは追加を、定められた手続に則《のっと》って行なうことをいいます。一方、条文には手をつけず、その意味や内容を解釈によって変更することで、実質的に「改正」されたのと同じ状況を生み出すことを「解釈《かいしゃく》改憲《かいけん》」といいます。

「明文改憲」を為《な》すためには衆参各院で三分の二の勢力を形成して憲法改正を発議《はつぎ》し、国民投票において主権者の承認を得る必要があるのですが、それを果たせない政権担当者は、憲法九条の「解釈改憲」を押し進めてきました。そのきっかけは、朝鮮戦争勃発《ぼっぱつ》前後の五〇年、五一年に連合国最高司令官であったダグラス・マッカーサーが日本国民に向けて発した次のようなメッセージでした。

「(九条の規定は)相手側から仕掛けてきた攻撃にたいする自己防衛の冒《おか》しがたい権利を全然否定したものとは絶対に解釈できない」(五〇年一月一日付朝日新聞より)

「国際的な無法律状態が引き続き平和を脅威し、人々の生活を支配しようとするならば……国際連合の諸原則のわく内で、力を撃退するに力をもってすることが諸君の義務となるだろう」（五一年一月一日付毎日新聞より）

九条で戦争放棄は謳《うた》ってるけど自衛戦争はできる。だから我々と共に戦いなさい――マッカーサーの意思を汲《く》み取り、五〇年に創設された警察予備隊が五二年には保安隊となり、五四年には自衛隊となりました。この間、第四次吉田内閣の下で内閣法制局は憲法が禁ずる「戦力」に関する統一見解を発表します（五二年一一月）。これが「解釈改憲」の始まりです。

そして、政権担当者は今や、自衛隊の存在は合憲でありそのイラク派遣も多国籍軍への参加も九条に抵触していないという解釈を押し通しています。「自衛隊のイラク派遣がもう限界」という声が上がるなか、安倍晋三氏のように「集団的自衛権の行使も解釈の変更によって可能」だとする政府関係者も少なくありません。

いずれにしても、「解釈改憲」の進行により「九条の本旨」と「自衛隊・防衛の実態」との間に大きな乖離《かいり》が生じたことはまちがいありません。

Q3

《憲法改正とは》
「九条護憲派」、「九条改憲派」の境界はどこに

かつて「九条護憲派」と「九条改憲派」の違いは単純明快でした。

「九条護憲派」というのは、自衛隊を憲法違反の存在と考えてこれを否定すると同時に、戦争放棄を謳《うた》った九条の本旨（戦力を持たない、国の交戦権を認めない）を護《まも》ろうという人たちのことを指しました。

「九条改憲派」というのは、自衛隊を合憲としてその存在を認めると同時に、九条にその存在を（自衛軍もしくは日本軍として）明記すべしと考える人たちのことを指し、彼らはみな九条の「明文改憲」を主張していました。

しかしながら、今ではこの二派を容易《たやす》く分類することができなくなりました。左の表を見てください。[憲法九条を「改正（明文改憲）」すべしという立場なのか否か」を基準にして「九条護憲派」と「九条改憲派」を分類するなら、**G**に位置する人は、イラク派兵や集団的自衛権の行使に賛成しているのに「九条護憲派」ということになります。

一方で**A'**に位置する人は、それらに反対しているのに自衛隊の存在を認め憲法に明記すべきだと考え

ているということで、「九条改憲派」ということになります。これはおかしいですよね。

では、何を基準に分類すべきなのか。それは縦軸で示した「九条の本旨を護るのか否か」です。たとえ、条文に手を加える意思がなくとも、海外派兵を認めるなどその本旨を侵すのなら「九条改憲派」であるというのは当然のことです。

一部の「九条護憲派」は、実態はどうあれ条文さえ護れば九条の本旨を温存できると思い込んでいるようで、「明文改憲」の動きに対しては厳しい反応を示すのに、「解釈改憲」に対しては批判しながらも許容範囲とするような反応です。九条を葬り去られる「明文改憲」よりましと思っているのでしょうが、私たち主権者の意思（国民投票）によって決定することなく、国会内の多数派が勝手に行なう「解釈改憲」は、国民の主権行使を疎外《そがい》するもので、断じて認めてはなりません。

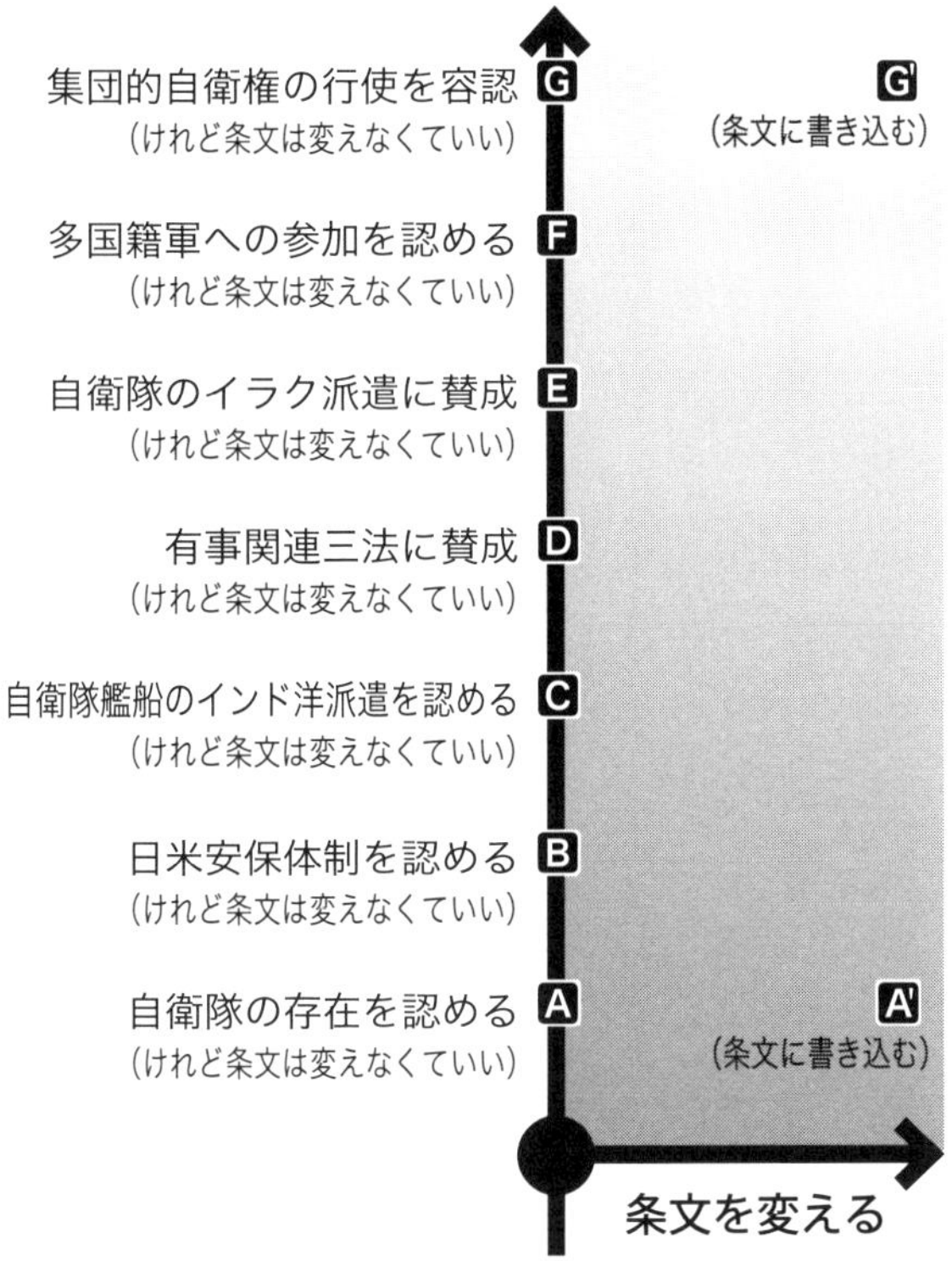

Q4

《憲法改正とは》

「憲法改正（明文改憲）」をめぐる動きはどうなってるの？

「……おかしい点がたくさんあります。たとえて言えば、憲法九条もそうです。いまだに自衛隊について、解釈の点において、一切の戦力は保持してはならないということを言っていますけれども、果たして自衛隊が戦力でないと国民は思っているでしょうか」

〇二年五月七日、小泉純一郎首相は衆議院でこう述べました。これは歴史的な発言です。というのも、自衛隊発足以降、九条護憲派は「自衛隊は軍隊であり、憲法違反だから認められない」と追及し、九条改憲派は「自衛隊は戦力ではないから違憲ではない」と躱《かわ》してきました。

それが、この発言を機に攻守逆転。小泉氏らは「自衛隊は戦力だ」→「憲法九条に適合していない」→「だから九条を改めなければならない」という論法で堂々と九条の「明文改憲」を主張するようになりました。そうした姿勢の転換を後押しするように、近年、国会では自民・民主両党内の改憲勢力が大幅に議席を増やしています。

こうした流れを受け、九条に狙いを定めた改憲の動きは確実に強まりつつあります。自民党は結党五〇周年にあたる〇五年一一月までに憲法改正草案を作成する予定で、それに向けて「安全保障」「人権保障」などテーマ毎の討議を重ねています。

一方、民主党も独自の改憲案を示す準備を進めており、〇六年中には九条を含む両党の改憲案が出揃《でそろ》いそうです。そして、その後は「九条改正案」をめぐって両党の協議が進められるはず。両党が憲法の全面改正で統一案を出すことはありえませんが、いくつかの条項の改正について一致することは可能。九条についてもそうです。現時点では多少の溝があっても、国会発議に必要な「三分の二」のハードルが触媒となり、近いうちに両党は九条の統一改正案を作ることになるでしょう。早ければ、〇七年の春には具体化するかもしれません。

また、こうした動きと平行して憲法改正の手続法の整備（国会法の改正と国民投票法の制定）も進められています。このことについては、後の項で詳しく紹介します。

Q5

《憲法改正とは》

どうすれば「改正（明文改憲）」できるの？

憲法改正の規定は九六条に明記されています。

◎第九章　改正

第九六条　この憲法の改正は、各議院の総議員の三分の二以上の賛成で、国会が、これを発議《はつぎ》し、国民に提案してその承認を経なければならない。この承認には、特別の国民投票又は国会の定める選挙の際行はれる投票において、その過半数の賛成を必要とする。

二　憲法改正について前項の承認を経たときは、天皇は、国民の名で、この憲法と一体を成すものとして、直ちにこれを公布する。

どうですか、これを読んでも具体的にイメージすることができないでしょう。左に示したチャートを見てください。以下、番号に合わせて解説をつけました。

0 国会が国会法を改正した後、憲法改正国民投票法を制定する。

❶ 議員もしくは内閣が憲法改正案を作る。

❷ X人の議員の賛同を得て改正案を衆議院へ提出する（提出に必要な賛同議員の数は改正国会法によって定められる）。

❸ 改正案について、衆議院で審議する（衆議院の総議員の三分の二以上の賛成を得られれば、参議院での審議に移る）。

❹ 改正案について、参議院で審議する（衆議院同様、参議院でも総議員の三分の二以上の賛成を得られれば「国会発議」となる）。

❺ 憲法改正の国会発議（＝国民への提案）が行なわれる。

❻ 賛否両派のキャンペーン合戦が展開される。

❼ 国民投票の実施

❽ 改正賛成票が多数を占めれば、天皇が国民の名で、改正される憲法を公布。

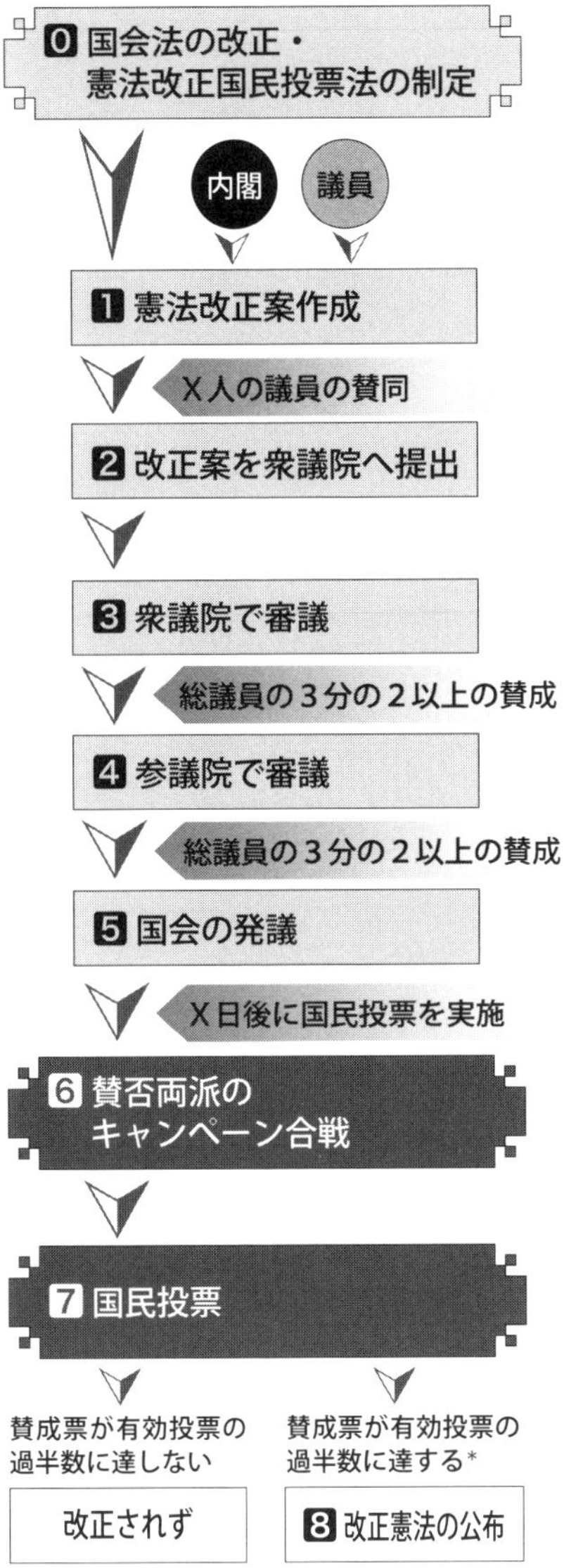

＊「有効投票」ではなく「投票総数」の過半数とすべきだという考え方もある。

Q6

《国民投票とは》

国民投票って何

ある事柄について、主権者である一人ひとりの国民が直接投票によって意思表示をし、事柄の決定を行なうこと――こんなふうに言うと難しそうですが、国民投票はとてもわかりやすいものです。

皆さんがお住まいの地域でも行なわれたかもしれませんが、最近、あちこちで市町村合併の是非を問う住民投票が実施されています。住民が求めたり首長や議員が提案したり、実施に到る道筋はさまざまですが、その数は〇四年の一年間に限っても一二七件を突破しています。近隣の市町村と合併するかしないかという街の将来にとってとても重要な選択・決定を、議会や市長・町長らに託さず、自分たちの一票で決める。そして責任も自分たちで取る。これは、住民自治の本旨に適《かな》った決定方法です。

国民投票は、こうした住民投票の全国版だと思ってください。国の行方を左右する特別に重要な問題については、国会や内閣・政府に決めさせないで、主権者である私たち国民が直接投票によって決定するということです。こうした国民投票は日本ではまだ一度も実施されたことがありませんが、今やその活用に賛成する人が国民の多数を占めるようになっています（左のグラフを参照のこと）。

わが国では憲法改正を果たすには、必ず国民投票を実施して多数を得なければならない規定（憲法九六条）になっていますが、憲法改正以外の案件については、国民投票を実施できるか否かも含め一切明記されていません。しかし、投票が国会の決定に先立ってその参考のために行なわれるものであり、投票結果が国会や内閣・政府の決定および行動を無条件に拘束しないものであれば、現行憲法下でも、たとえば「自衛隊のイラク派遣」の是非や「新規の原発建設」の是非など、さまざまな国民投票を実施することができます。これを「諮問型国民投票」あるいは「助言型国民投票」と呼んでいます。

諸外国では憲法にかかわることのみならず、重要政策についても国民投票で決めている国があります。また、国民の発議権を認めている国も少なくありません。詳しくは次の［Q7］で。

国の重要な問題について、
国民投票制度を導入すべきだ
という意見があります。
あなたはどう思いますか？

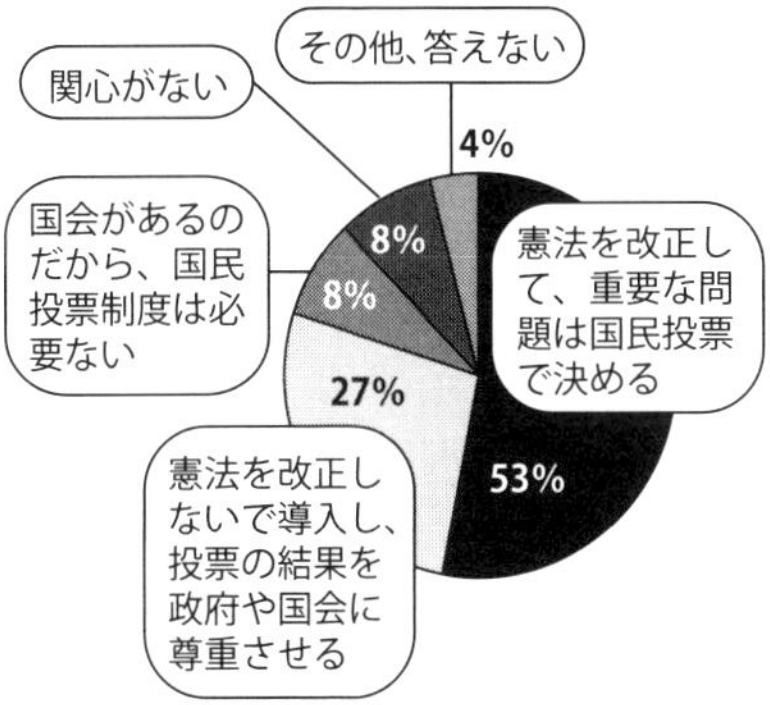

（朝日新聞01年5月掲載の世論調査から）

新しい論点・
憲法を改正して実施すべきか
「国民投票」

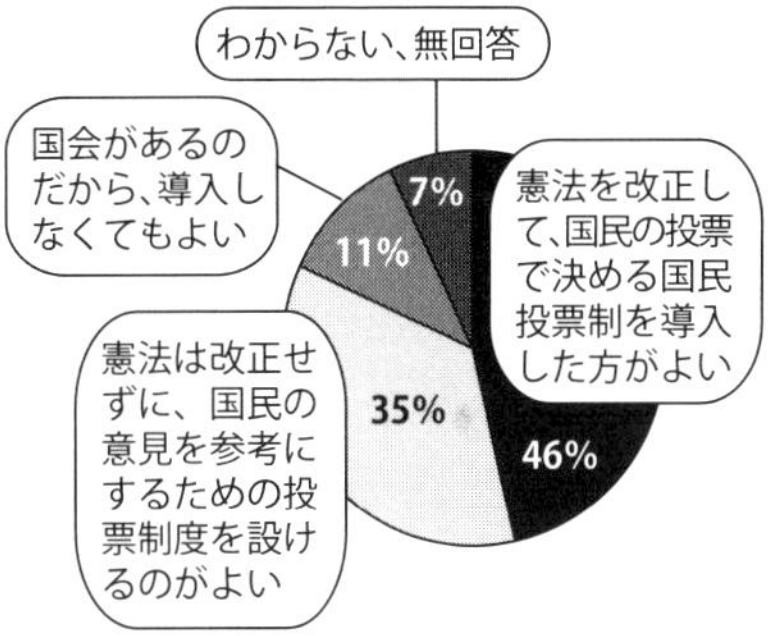

（『NHK放送文化研究所』02年5月発表の世論調査から）

注：ここでの設問のテーマになっている「国民投票」というのは、現行制度（憲法96条）にある憲法改正の是非を問う国民投票とは違う、憲法にかかわらない事案についての国民投票のことです。

Q7

《国民投票とは》

諸外国ではどんな国民投票が行なわれているの

二〇世紀以降に限っても、世界各国では数百を超す国民投票が実施されています。その中から、いくつか代表的なものを紹介しましょう。

❖ 国家体制の選択に関するもの

一九四六年、ファシズムを駆逐したイタリアでは国家再生に際し、王制擁護派が訴える〈君主制〉と、左派勢力が求めた〈共和制〉のどちらを採るのか。それを決する国民投票が行なわれました。結果は五四対四五で共和制派が勝利。

❖ 憲法の全面改正

東欧の民主化、ソ連邦崩壊に伴い一九八九年以降、旧共産圏の国々は社会主義憲法に代わる新憲法を制定しましたが、ポーランド、ロシアなどでは憲法の全面改正の是非を問う国民投票が実施されました。

❖ 共同体、条約、同盟に関すること

九二年以降、フランス、デンマーク、アイルランド、フィンランドなどがEU（欧州連合）への道筋を定めたマーストリヒト条約批准の是非を問う国民投票を実施。その後、EU拡大に際してハンガリー、リトアニア、ポーランド、チェコなどが加盟の是非を問う国民投票を実施しています。

スイスでは八六年と〇二年の二度にわたり国連加盟の是非を問う国民投票を実施。一度目は加盟反対が、二度目は加盟賛成が多数を制しました。

❖軍隊・防衛に関すること

一八七六年、スイスでは兵役義務免除者への課税措置に関する国民投票が行なわれましたが、その後一二〇年余の間に同国では軍隊・防衛にかかわる国民投票が数十件実施されています。最近では八九年と〇一年に、連邦軍を廃止するか否かの投票が行なわれて二度とも廃止反対票が多数を占め、〇二年には軍隊の大幅削減の是非を問う国民投票が実施され賛成多数となっています。

❖社会生活に関すること

「妊娠中絶」「試験管ベイビー」「遺伝子組み換え」といった生命にかかわる事柄、「離婚の自由」「性犯罪者への処遇」など人権に関わる問題、そして「原発」「高速道路」から「核シェルター」まで、諸外国ではさまざまなテーマについて国民投票が実施されています。

諸外国の国民投票
＊近年実施された国民投票の一部

02
5/18【スイス】
☀原子力発電の凍結
5/26【チュニジア】
☀憲法改正
6/ 2【スイス】
☀中絶法改正
8/24【アゼルバイジャン】
☀国民投票法存続
12/22【スイス】
☀同性同士の結婚の承認

03
1/19【スロベニア】
☀国営鉄道の分割民営化
2/ 2【キルギスタン】
☀憲法改正
4/29【カタール】
☀新憲法制定
9/14【スウェーデン】
☀ユーロ通貨導入
9/21【スロベニア】
☀日曜バザーの開催日数

04
4/24【キプロス】
☀国家統一に関する国連案
8/15【ベネズエラ】
☀大統領の罷免
11/27【スイス】
☀ヒト ES 細胞の研究開発
12/ 5【ハンガリー】
☀二重国籍承認

05
2/20【スペイン】
☀EU 憲法の批准
4/10【ポルトガル】
☀EU 憲法の批准
5/29【フランス】
☀EU 憲法の批准

Q8

《国民投票とは》

法律の改正は議会だけで決められるのに、憲法の改正はなぜ国民投票にかけなければならないの

憲法は法の中の法であり、国の根幹《こんかん》、基本姿勢にかかわることが定められています。当然、通常の法律より強い効力を持っているわけですが、そのために その改正に際しては、通常の法律より厳格な手続を要請されることになります。専門用語でこれを「硬性《こうせい》憲法」と呼び、逆に法律と同等の要件で改正が可能な憲法を「軟性《なんせい》憲法」と呼んでいます。日本国憲法もそうですが、世界各国が制定している憲法のほとんどが「硬性憲法」となっています。

ちょっとわかりやすく説明しましょう。憲法が通常の法律同様、国会の多数派議員だけで改正可能となれば、多数派が入れ替わる度に憲法が変わる可能性が出てきます。これでは腰の定まらない「落ち着き」のない国になり、対外的な信用を落とすことにもなります。そこで、日本のみならず、諸外国でも「憲法改正」については、法律の制定や改廃に対して設定された位置より高いところにハードルを設けているのです。

ただし、改正手続のハードルは国によってさまざま。ここでは代表的な三つのパターンを紹介します。

◆通常の法律の制定・改廃時同様、議会の採決のみで憲法改正が可能。ただし、たとえば「過半数」の賛成ではなく「三分の二以上」の賛成を必要とするというようにしてハードルを上げている（ドイツ、ポルトガル、ブラジル、ロシア、イタリアなど）。

◆議会の採決に加え、国民投票で過半数の賛成を得られれば憲法改正ができる（日本、韓国、アイルランド、スイス、ロシア＊、イタリア＊など）。

＊国民投票での承認を必要としない場合もある。

◆連邦議会と州議会の議決などを組み合わせるもの。たとえばカナダの場合は元老院、庶民院各院の決議と全州の三分の二以上の州立法議会の決議が必要（インド、アメリカ、カナダなど）。

Q9

《国民投票とは》

国民投票での決着は間接民主制を否定することにならないの？

たとえば、近い将来、国会が「憲法九条の改正」を発議《はつぎ》（国民に提案）しても、国民投票でそれが認められないという事態になる可能性があります。九条に限らず、国会が出した改正案が国民投票で拒まれる可能性は常にあるわけですが、それは「主権者の多数意思」が「国会の多数意思」とは異なっていたということを明らかにするものです。

立法府である国会と主権者である国民。国民投票によって浮き彫りにされた両者の意思の「ねじれ」は、国民の意思を汲《く》み取ることで解消されます。これは間接民主制の否定ではなく、その欠陥や弊害《へいがい》が是正されたと考えるべきです。

〇四年の二月にスイスでは、以下の三つについて国民投票が実施されました。

①「高速道路の建設」
②「賃借法修正」
③「凶悪な性犯罪者への処遇」

私は現地でこの投票を取材したのですが、政府と議会は国民に対して①「賛成」②「賛成」③「反対」と投票してほしいと訴えていました。ところが、国民が出した答はそれとは真逆の①「反対」②「反対」③「賛成」でした。

結果が判明した直後、記者会見場に現れたダイス大統領や法務大臣らに向かって一人の記者が、政府や議会の訴えとは逆の投票結果が出たことについて、「問題ではないか」という主旨の言葉を放ちました。それに対して大統領はこう返したのです。

「たしかにこの結果は政府と議会にとってはきわめて遺憾。でも、私たちは国民が示した意思に従うのだから何も問題はない。この国の直接民主主義が脈々として生きているということを世界の人にお見せしたということだ」

このように政府と議会の意思・政策決定が国民に支持されなかったからといって、突然議会が消滅するわけではありませんし、議員のクビがとぶわけでもありません。もちろん、政治的責任を追及されることはあるでしょうが、それは間接民主制の否定といったものではありません。

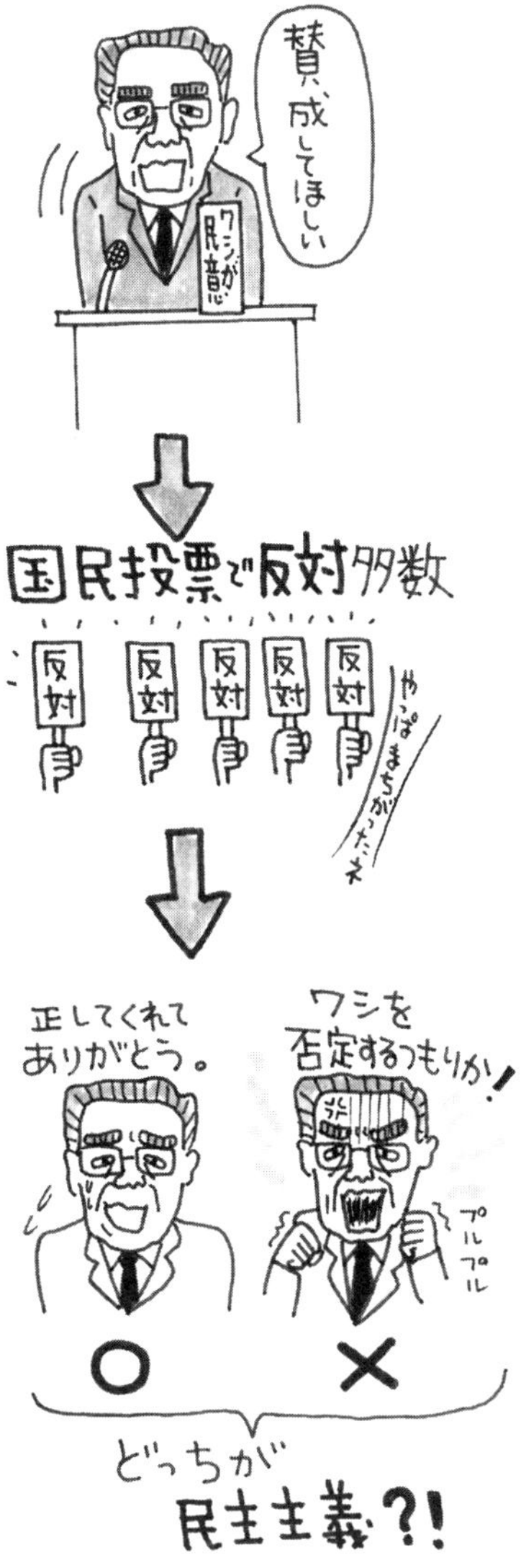

Q10

《国民投票とは》

国民は賢くないから国民投票は衆愚政治をもたらすことになるのでは

叡智《えいち》あふれる政治を実現するのか、愚《おろ》かしい政治をもたらすのか。すべては主権者次第です。

私たち国民が、案件についての情報を十分に得たうえで、よく学び、よく考える。そして、家族や友人らとよく話し合って結論を出し、脅しや利益誘導に左右されることなく、良心の一票を投ずる。そのような「知恵と勇気」の一票で投票箱がいっぱいになるかどうかが、衆愚《しゅうぐ》政治に陥《おちい》るか否かを決定づけることになります。

日本人は、まだ一度も国民投票を経験したことがありませんが、住民投票については多数の人が経験しています。九六年から〇〇年にかけ「原発」や「基地」、「産廃」、「ダム」などをテーマに各地で住民投票が行なわれた際、衆愚だとか地域エゴだとか言って批判する学者や政治家がいましたが、数年の時を経た今振り返ってみれば、愚かしかったのは、住民ではなくそうした学者や政治家の方であったことがよくわかります。

「憲法九条は国民投票で決着を付けるべし」と主張する私に対して、何人かの学者や作家らが、「防衛の問題は日本人が最も不得意とする分野だし、メディアを使った情報操作にも弱いから、これを国民投票にかけると、愚かしい判断をもたらすことになる。だからあなたが九条・国民投票を勧めるのは間違っている」という批判をしてこられました。

　私は、日本人が彼らの指摘するような存在ではないと反論する気はありません。現状ではそういう人も少なからずいるでしょう。ただ、だからといって、彼らのように「最も重要な主権行使の機会」となる国民投票での決着を否定したり、それによる憲法改正の最終決定権を放棄し、議会に決定権を委《ゆだ》ねるつもりはありません。

　町内の「原発建設」について、とても水準の高い住民投票を行なって見せた新潟県巻町の人だって、最初から誰もが「原発」に詳しかったわけではありません。不得意や弱点があるなら、主権者としてそれを克服する努力を重ねる方向に向かうべきで、後ろ向きの発想は結局国民主権を疎《そ》外《がい》し、議会主権を蔓延《はびこ》らせることになるだけだと考えます。

第2章
真っ当な国民投票のルールとは

【公開討論会】
〈改憲の是非を問う国民投票〉
どんなルールで行なうべきか

さて、憲法改正国民投票についていろいろとお話ししてきましたが、実際に投票が実施されるとき、このルールはいつ誰が決めるのでしょうか。そして、いったいどんなルールになるのでしょうか。

ルールは改正国会法、国民投票法など「憲法改正の手続法」により定められます。それを決めるのは当然国会ですが、では、いつ審議されいつ決められるのでしょうか。○五年四月現在、それはまだ確定していませんが、おそらく○五年の通常国会中に「国会法の改正」が完了し、同年秋以降に召集される臨時国会か○六年の通常国会で「国民投票法」が審議され制定されるのではないかと思われます。

歪んだルール設定が行なわれれば投票結果に強い影響を及ぼし、民意が投票結果に正しく反映されなくなります。ですから、賛否どちらかが有利になったりしない、公平なルール設定が求められます。

このあと紹介する公開討論会は、市民グループ〈真っ当な国民投票のルールを作る会〉が、自らルール設定の試案を作成した後、立法府の憲法問題の論客を市民のフィールドに招いて行なったものです。

難しいテーマであるにもかかわらず、登壇者や参加者の協力で、聴衆にとってわかりやすく充実した内容となりました。登壇者、主催者の了解をいただき、ここにその討論会でのやりとりを再現させていただきます。

（二〇〇五年二月二一日　於・カタログハウス本社ホール）

パネリストの横顔（敬称略）

中山太郎（なかやま・たろう）

一九二四年大阪市生まれ。医師。衆議院議員。自由民主党。六〇年、小児麻痺研究により医学博士号を取得。大阪府議を経て六八年に参議院議員に初当選。以後三期連続当選を果たす。八六年に衆議院に鞍替えし初当選するや、その後六回連続当選。八九年から九二年には第一次、第二次、第二次改造と、三期にわたって海部内閣の外務大臣を務める。九六年、臓器移植法案を議員立法で提案。翌年には修正案が可決され、日本での臓器移植に道を開いた。〇〇年から衆議院憲法調査会会長。著書に『世界は憲法前文をどう作っているか』『二つの敗戦国家』など。

保岡興治（やすおか・おきはる）

一九三九年鹿児島県生まれ。弁護士。衆議院議員（当選一〇回）。自由民主党。裁判官、弁護士を経て、七二年に三三歳で衆議院議員に初当選。「伝統的工芸産業の振興に関する法律」や「定期借家法」など、金融・法務・政治改革関連を中心に議員立法は多数。その流れを大きく拓く。〇〇年、衆議院憲法調査会幹事となり今日に至る。その間、法務大臣を務める。〇一年党国家戦略本部事務総長。〇三年から自民党憲法調査会会長。党新憲法制定推進本部・幹事。同起草委員会事務局長。著書に『思春期を迎えた日本の政治』『政治改革と腐敗防止システム』など。

枝野幸男（えだの・ゆきお）

一九六四年宇都宮市生まれ。弁護士。衆議院議員（当選四回）。民主党。九三年に日本新党の候補者公募に合格し、衆議院に初当選したのは弱冠二九歳の時。その後、入党した新党さきがけでは薬害エイズ問題に取り組み、「自社さ」連立の橋本内閣のもと、菅直人厚生相を支え歴史的な「謝罪」を実現した。九六年には民主党結成に参画。金融再生法を手がけるなど、若手随一の政策通でもある。民主党『次の内閣』では内閣府担当相（〇一～〇二年）、官房長官（〇二～〇四年）に名を連ね、党三役である政策調査会長（〇二～〇四年）も務めた。〇四年から民主党憲法調査会長、衆議院憲法調査会長代理。著書に『それでも政治は変えられる――市民派若手議員奮戦記――』など。

魚住裕一郎（うおずみ・ゆういちろう）

一九五二年和歌山県生まれ。弁護士。参議院議員（当選二回）。公明党。一九八九年法律事務所を開設。九五年、新進党から立候補し参議院に初当選。新進党解党により公明を経て公明党へ。公明党司法制度改革プロジェクトチーム座長として同制度改革の実現に力を注ぐ。また個人情報保護法案作りをリードするなど、「世界へ誇れるＩＴ先進国」実現に向けた法的整備にも取り組んでいる。現在、公明党憲法調査会事務局次長、参議院憲法調査会委員。著書に『魚の住める街』がある。

阿部知子（あべ・ともこ）

一九四八年東京都生まれ。医師。衆議院議員（当選二回）。社会民主党。医師として小児医療に従事し、現場で数多くの難病の子どもたちと接した。アメリカ留学の後、国政選挙に挑戦するも落選三回。〇〇年、衆議院に初当選、「脳死を人の死としない立場から脳死・臓器移植を考える議員の会」を、〇三年には「医療事故防止議連」を立ち上げた。その一方で、〇〇年にはかつて在籍した病院での勤務を再開（非常勤・思春期外来担当）、〇三年には「あべともこ こどもクリニック」を開設し現役の医師であり続けている。現在、社民党政策審議会会長。著書に『思春期外来診療室』『いのち愛おしむ心で』など。

今井一（いまい・はじめ）／コーディネーター

一九五四年大阪市生まれ。ジャーナリスト。八一年よりソ連・東欧の現地取材を重ね、八九年以降は、バルト三国、ソ連、ロシアなど民主化に伴い実施された各国の国民投票を現場で見届ける。九六年以降は、新潟県巻町、岐阜県御嵩町、沖縄県名護市、徳島市、三重県海山町など各地でまき起こった住民投票の現地取材を積極的に進める。〇〇年より「住民投票立法フォーラム」事務局長。著書に『「憲法九条」国民投票』『住民投票―観客民主主義を超えて』『住民投票Ｑ＆Ａ』『対論！戦争、軍隊、この国の行方』『実践の政治学』『大事なことは国民投票で決めよう！』など。

主催者挨拶

【中村】　私たちは、昨年四月に、真っ当な国民投票のルール「市民案」を作っていこうということで会を結成し、その後、福岡・大阪・京都・東京などさまざまな地域で学習会を開いてきました。そして、その「市民案」を今年の一月にまとめあげました(巻末資料参照)。学習会を重ねていく中で、国民投票というものが市民一人ひとりにあまり知らされていないというか、理解されていないと感じました。憲法を改正したいとか、したくないとか、そういうところではマスコミも取り上げますし、議論されますが、憲法の改変を最終的に決めるのはいったい誰なのかというところが、国民に伝わっていないことを実感しています。最終的には国民一人ひとりが、改憲したくない、したい、どういうふうに変えたいというところで選択できるんだということ、そしていざ投票になった時に自分たちが思うような投票ができないと大変なことになるという点を、もっともっと広く知っていただきたい。改正するにしろ、しないにしろ、自分たちがしっかり考えて国民投票という段階に行けたらというのがこの会の目標でした。

きょうは各政党の方々からそれぞれのお考えをお聞きし、会場からもさまざまな意見を頂戴します。こうした議論を重ねることによって、国民投票法は真っ当なものでなければならないということが、広く国民に知らされていくことを願っています。どうぞ活発な議論をよろしくお願いします。

【今井】　コーディネーターを務めさせていただく今井です。まず、本日登壇予定だった共産党参議院議員の仁比《にひ》聡平《そうへい》さんですが、残念ながら欠席ということになりました。昨日、佐賀、福岡方面で大きな地震がありましたが、夜になって仁比さんの秘書から電話があり、被害が大きかった玄界島《げんかいじま》の方に渡りたいので、本日の討論会出席は御勘弁《かんべん》いただけないかということでした。私は、仁比さんに代わる論客をお願いしたいと申し上げたのですが、きょうの午前中に、急なことで討論会に誰も送り込めないという連絡を共産党からいただきました。共産党の発言を楽しみにして来られた方もおられると思いますが、そんなわけですので、御了解ください。

というこではあるのですが、きょうは共産党の考えに近い意見を持っておられる九条護憲派の方も会場に来られていると思いますので、仁比さんに代わって、保岡さん、枝野さんのお考えに何か反駁《はんばく》したいということがあれば、どんどん意見を出してください。遠慮なくどうぞ。

本日のパネリストは錚々《そうそう》たる顔ぶれです。皆さん、大変お忙しい中こうやって足を運んでいただいています。われわれは基本的には国会の中で発言したり、意見を出したり、質問したりすることはできません。ということで、市民のフィールドに出てきてくださいとお願いしたわけですが、皆さん快く応じてくださいました。本当にありがたいと思っています。こんなに「ありがたい」と言っておきながら、本日はどなたにも謝礼をお渡ししていません(笑)。

さて、はじめにお断りしておきますが、きょうは九条改憲の是非をテーマとした討論会ではありません。そう思っている人がいたら、まったく勘違いです。この場で、保岡さんと枝野さん、阿部さんが九条改憲の是非を論じ合うということは一切ありません。あくまで国民投票法の中身について議論していこうということですので、誤解のないようにお願いします。

国民投票の活用を求めながら、国民の多くは憲法改正手続について正しく理解していません。なぜなんでしょう?

①

【今井】 これから三時間にわたり真っ当な国民投票のルールについてみんなで論じ合っていくのですが、本論に入っていく前に私のほうから状況説明をさせていただいたうえで、各パネリストに意見を求めたいと思います。日本では国民投票制度が導入されていません。憲法改正の時だけ適用されることになっているのですが、例えばイラク派兵の問題とか、原発設置の問題とか、そういう重要な案件を国民投票で決めたほうがいいかどうかという世論調査を、朝日新聞とNHKが〇一年、〇二年の五月にやっています(次頁グラフ参照)。

結論をいいますと、内閣や議会だけで決めるのではなく、最終的に国民の承認がいるようなかたちにしたほうがいいと考えている人は、憲法を改正し法的拘束力を持たせて、あるいは改正せず助言型で、というのを合わせて朝日新聞は八〇％です。一方、ＮＨＫのほうは八一％です。一〇年ほど前に朝日新聞と共同通信が同じような調査をやっていますが、そのときも八〇％を超えていました。つまり、一〇年前から大事な問題については国民投票を導入したほうがいいと考えている人が国民の八割に達しているという事実があるわけです。

ところがもう一つの事実があります。日本国憲法施行から五年後に朝日新聞が国民に対して、あなたは憲法改正の手続について知っていますかという調査をしました。知っていると答えた人は全体の一八％。でも、本当に知っていた人は六％しかいませんでした。それから五五年たってどれぐらい国民の理解度が高まったのか知りたく、私自身が一年半前に東京と大阪の十数地点で調査しました。そうすると、憲法改正の手続を知っているという人が三人に一人。ところが、憲法を改正するかしないかは「小泉さんが決める」とか、「裁判所が決める」とか、「国会で三分の二をとったらできる」とか、間違った答えばかりが返ってくる。三三％が知っていると言っても、本当に知っていた人は七・五％しかいませんでした（次頁グラフ参照）。つまり、

国の重要な問題について、
国民投票制度を導入すべきだ
という意見があります。
あなたはどう思いますか？

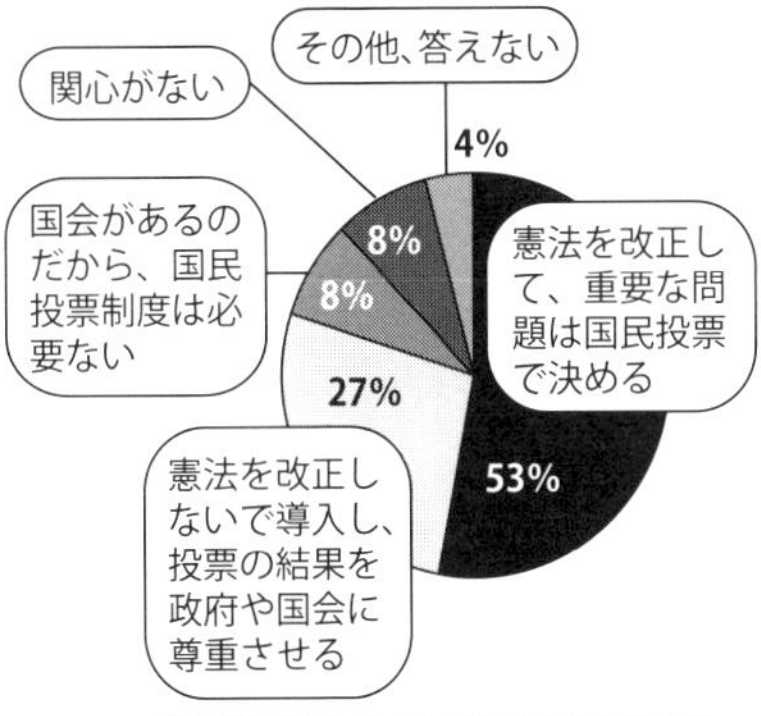

（朝日新聞01年５月掲載の世論調査から）

新しい論点・
憲法を改正して実施すべきか
「国民投票」

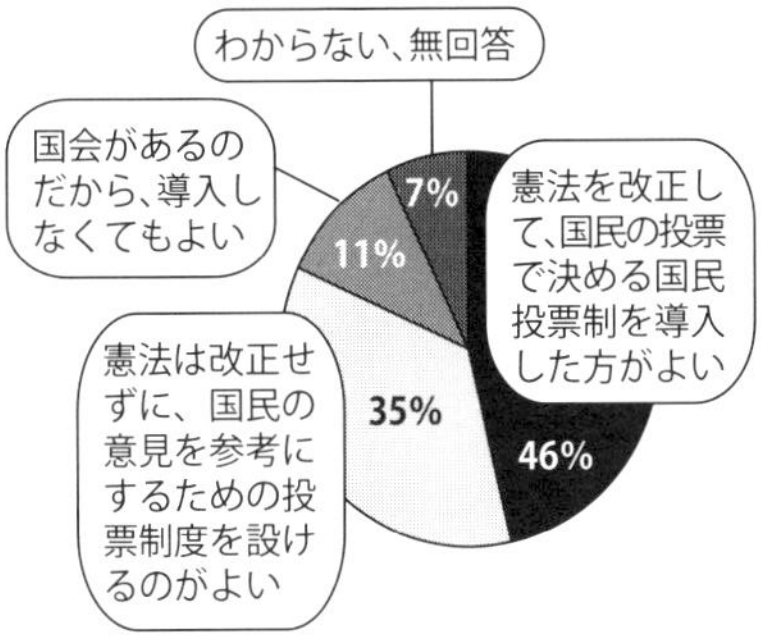

（『NHK放送文化研究所』02年５月発表の世論調査から）

注：ここでの設問のテーマになっている「国民投票」というのは、現行制度（憲法96条）にある憲法改正の是非を問う国民投票とは違う、憲法にかかわらない事案についての国民投票のことです。

半世紀の時を経ても国民の理解は進んでいないということです。

八割を超える人が大事なことは国民投票で決めたいと言いながら、憲法改正の最終決着が国民投票によってなされるということを知っている人は七・五％しかいないという現実。そこで、皆さんに伺いたいのですが、憲法改正の手続についてこんなにも理解されていないのはなぜだと思いますか。

【魚住】 いままで国政レベルの課題について、どうしても間接民主制が中心になってずっとやってきたものですから、国民が意思を表明する機会がほとんどなかった。それから、最高裁裁判官の国民審査というのが選挙のたびにありますが、罷免《ひめん》された事案がなくて、無意味なイメージが強いということがあるのではないかと思っています。高校の社会科の先生が、実は憲法の全文を読んでいないということがありました。九条とか、教育を受ける権利とかは読んでいるのでしょうが、改正の条項（九六条）まで読んでいる人は少ないのでしょうね。

【保岡】 魚住先生が言われたように、民主主義の社会というのは法の支配が隅々まで行き渡っていなければいけないというのが前提にあると思いますが、社会科

憲法改正手続とその方法を知っているか否か

Q「日本の憲法を改正する手続を知っていますか。それはどんな手続でしょうか」

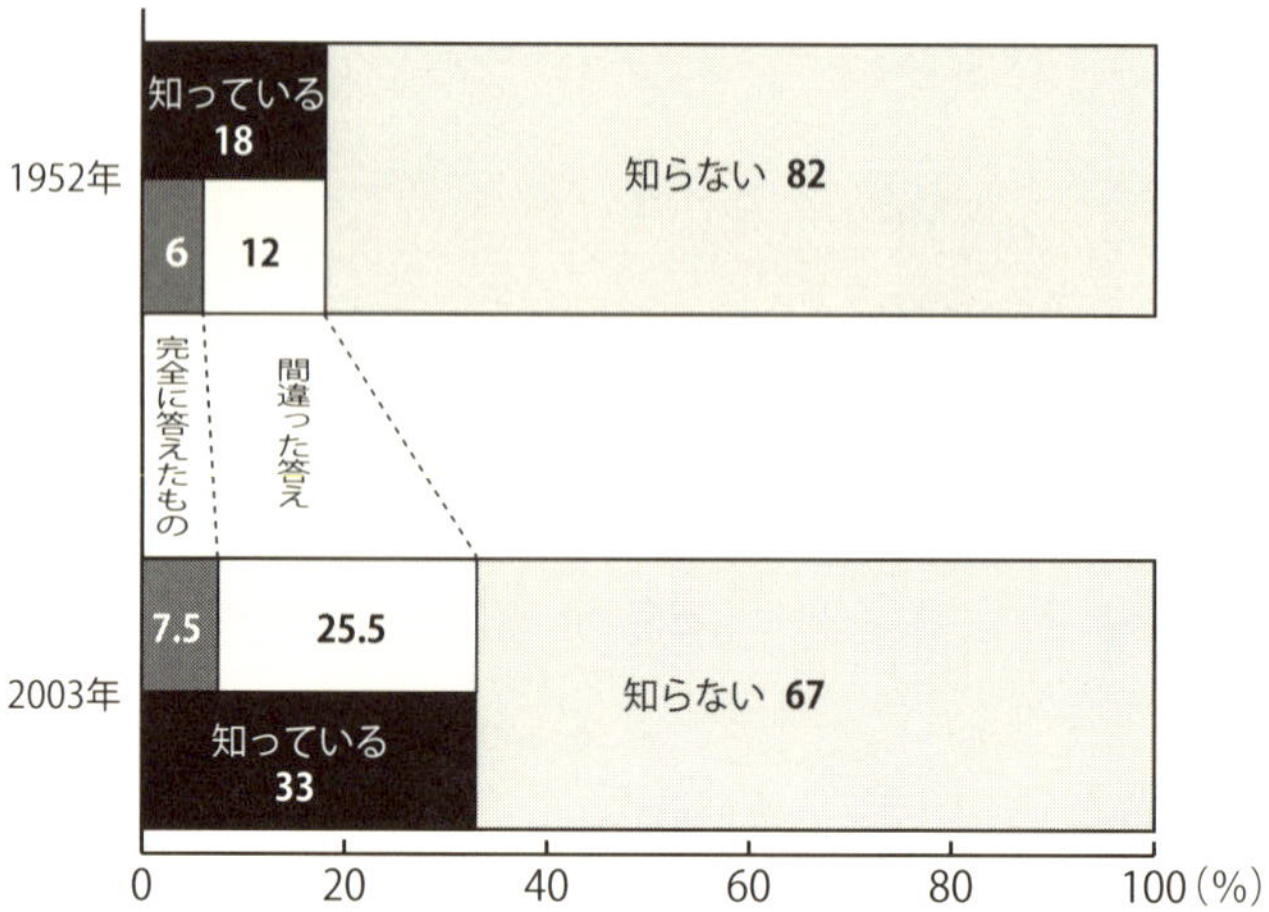

注：1952年は朝日新聞の調査。
2003年は今井が編成したスタッフによる対面調査。

でその法の一番基本になるところの憲法が、本当に自分たちのものという感じで教育されていないのではないか。普通の法律は直接、権利・義務を生じますが、憲法は自分たちの生活にほど遠い存在に思えるだけに、学校でしっかり基本法の教育をする。そのへんが足りないということがあると思います。また、国会自身も戦後長い間、例えば九条とかは随分《ずいぶん》論じてきましたが、それ以外について憲法改正そのものや、改正の是非を論ずるとかは行なわれていない。国民、制定権者の憲法改正という一番大事な権利であるにもかかわらずです。国民による憲法改正投票の意味の重さが国会の場でもいろいろな場でもはっきり浮き上がるような状況になかったということですね。

要するに、憲法改正そのものがもう長いこと、難しすぎて与党ですら憲法改正の必要があるなと思いながら内閣の法解釈でずっと対応してきた。国民が改正のところまで考えが及ばないというのは当然のことではないかという気もします。

【中山】　両先生がお話しになったとおりだと思います。私も長らく国会でお世話になっていますが、国民が主権者であり、その主権者が選んだ代表者が衆議院議員、参議院議員だという、逆から見た民主主義というのが日本ではなかなか明確に浸透していないように思います。その人たちの半分が同意すれば法律が作られていくけれども、その法律は憲法に無関係であってはならないということではないかと思います。元の憲法そのものを理解している主権者は極めて少ないということは、民主主義国家にとってはたいへん大きなマイナスだと思います。

私は自分の選挙区でも笑い話として言いますが、天皇家の方々が選挙の時に投票に行かれたという姿をテレビで見たことがありますかと聞くんです、もちろん、皆さん、だれもいないんですよね。つまり、天皇一家には国のかたちを決める権利・権力が憲法上、与えられていない。しかし、一般の国民にはその権力が与えられている。その権力を使って国のかたちを決める憲法をどう作るかということについての真っ当な議論が、国会の衆参両院で正式に議論される舞台がない。これが一番大きな問題だろうと思います。

保岡さんも私も昨年は各党と一緒に北ヨーロッパの国々を見てきましたが、ほとんどの国において憲法委員会という委員会が国会に常設されていまして、そこで絶えず憲法の問題を議論する。これが日本に欠如している。主権者が主権者の権力を見忘れているという背景には、こういうことがあるのではないかと思います。

【枝野】 まず、御批判を覚悟であえて刺激的なことを言うと、国民が憲法に関心がないというのは一種、必然性がある。つまり、年金とか税制といった話は、まさにそれによって明日の自分の生活が直接どう変わるのかということがすぐわかりますが、憲法が変わろうが変わらなかろうが、そのことで自分たちの生活がどうなるかということは直接には結びついていない。これが憲法です。ですから、普通に放っておいたら憲法に関心を持たない人が多数いるのはある意味で必然だと思います。

しかも、歴史的な評価としてはものすごく意味があったと思いますが、この国の六〇年の憲法に関する議論が「九条」に特化されて、しかも政党間の一種イデオロギー的な、あるいはわれわれは空中戦という言い方をしますが、残念ながら地に足が着いていない論争が長く続いてきた。ぼくはそのことを否定するわけではありません。そのこと自体は歴史的に意味があったと思いますが、そういう中でますます自分たちの生活とは違う世界の話なんだという意識が、多くの国民の皆さんに何となく植えつけられてきたということが歴史的にあったのではないかと思っています。

逆に例えば憲法の中身とか憲法改正の手続がどうであるのかということは、われわれ政治の側であるとか、あるいはきょう、メディアの方もたくさん見えていますが、そういう立場からかなり意識的に、こうなんですよ、ああなんですよということを伝え続ける努力。そして、そのことが国民生活とどう結びついていくのかということをきちっと説明していく努力。こういう努力がこの六〇年間、特に六〇年間の前半の五十数年間は残念ながら欠けていた。

否定しているわけではありません。歴史的な意味があったことは認めたうえで、結果としてはそういうことが国民投票の手続などについて多くの皆さんが御存知ないというか、御関心を持っていないということにつながっているのではないかというふうに分析しています。

【阿部】 きょうはお彼岸で外はうらうらですよね。きょうここで、皆さん、ものすごく真剣な顔をしてこちらをじっと見ていらっしゃいますが、まずこういう論議に加わる人がどのぐらいいるかということを考えてみても、やはり憲法ってみんなよく知らない。あるいは、先ほど枝野さんも言ったけれど、変わったからといって明日から何が困るわけではない。これはマイナスである反面、もちろんそれほどに平和でもあったんだと思います。

でも一方で、先ほど今井さんが言いましたが、イラクに自衛隊を送るのだって国民は直接、賛成か反対か言いたいよ。そんなやばいこと、やってほしくないものねというような状況になってきている。歴史を紐解けば、私だって正直言って医者をやっている時、小児科医ですが、憲法なんか忘れていても診療をやれていたわけです。こんなことを言うと中山先生に怒られそうですが（笑）、でも、実際やれていたんです。

もともとあの憲法というのは、天皇が主体だった、中心だった、主権だったところから、国民が主権者だ。おれらが中心。自分たちが決めて、もしかして変えていけるんだということは、六〇年前の憲法制定時の大きな中心だったのですが、今やそれすらも忘れられている。

会場に辻元清美《つじもときよみ》さんが来ていますが、彼女のポスターは「イカケン」と言うんです。イカの絵が描いてある、イカす憲法。まず知ってもらうこと。憲法って何だ、どんな力を持っているんだということを知ることから始めてほしいなと思います。

②

「国会法改正」「国民投票法の制定」など、憲法改正国民投票のルール設定を行なう意味についてどう考えますか？

【今井】 ウォーミングアップは終了、いよいよ本論に入っていきます。国民の理解がまだ薄い状況の中、国会法の改正と国民投票法の制定に関する議論が国会で始まろうとしています。実際、ここにおられる方々が制定の実質的なイニシアチブを握っていらっしゃるのではないかと私は思っていますが、憲法改正国民投票のルール設定をこれから行なう、それを議論する、いよいよ今年それをやることについて、日本の民主主義とか歴史の中でその意味をどんなふうにお考えになっているのでしょうか。

きょうは共産党が来られていないので私のほうから

代弁しますが、九条護憲派のすべてとは言いませんけれど、多くは「憲法改正国民投票法の制定は改憲の一里塚を造るものだから、この制定を断固阻止《そし》しなければいけない」と主張しています。最近、日本ペンクラブが、与党が提出しようとしている国民投票法案はいくつかの点で不備があるからすぐに撤回《てっかい》しなさいと声明を出しました。それを受けて九条護憲派の人々が、来週二九日に国民投票法の制定を阻止するための院内集会を開くと、方々に案内を出しています。

日本ペンクラブと九条護憲派のさまざまな団体、その共通点はたとえそれが真っ当なものであっても制定することが改憲につながるのだから反対だという主張です。ここがだめ、あそこもだめ、だけどこう直したら制定していいとはペンクラブの声明には書いてない、九条護憲派の組織もそうです。それを踏まえて、国民投票法の制定と国会法の改正について、その意味をどんなふうにお考えになっているのでしょうか。

【枝野】 私は国民投票法とは言わないで「憲法改正手続法」と言っています。それは、発案・発議のところまで含めて、全体の一連の手続をどう決めるかという話だと思っているからです。

本来は昭和二二年(一九四七年)に先輩方が作っておいてくれればいま苦労しないのに、何で作っていなかったんだろう。その時の歴史的な事情はわからないではないけれども、私はまさに一種の違憲状態だと思います。憲法に憲法改正の規定があるのに、それを実行するための手続が存在しないのは一種の違憲状態だと思いますから、何らかのかたちで作るのは当然だと思っています。

ただ、大事なことは、先ほどの話のとおり、国民の皆さんが憲法について、特に憲法改正手続について十分な理解をしていただいていないという状況があるわけです。ですから、この憲法改正手続法を作っていくというプロセスそのものの中で、国民の皆さんに、この憲法というのは普通の法律とは違って国民の皆さん自身が当事者なんですよということを知っていただくためのプロセスとして、この議論を進めていくことが重要なのではないか。

「日経」の社説(次頁参照)の趣旨《しゅし》はわからないではないけれども、あまり簡単に作ってしまうと、やはり憲法改正手続法を、手続をまったく知らないまま、いざ投票へ行けと言われた時に、私は投票率が心配だなと心配しているほうですから、ある程度国民の皆さんが議論する時間を、国会の中だけではなく作っていく。それが憲法を国民の手に取り戻すための一つのプロセスだと思っています。

【今井】　中山太郎さんは自民党の代議士ですが、きょうは、衆議院憲法調査会の会長として御発言いただくことになっています。では。

【中山】　国会の仕組みも国会法という法律によって、両院で賛成多数でなければ成立しないわけです。例えば私が会長をさせていただいている憲法調査会にしても、議院運営委員会で議長の監督のもとに、ここで各党の先生方が集まって国会法、国会の運営等について御議論なさる。その結果、ここでま

2005年3月15日付
日本経済新聞社説
「国民投票法の早期制定目指せ」

自民、公明両党と民主党が、憲法改正手続きを定める国民投票法案の協議に入る見通しになった。３党の憲法調査会長らは協議機関設置に向け、党内調整を進めることで合意しており、今後の作業が速やかに進むことを期待したい。

現行憲法は96条で、各議院の総議員の３分の２以上の賛成で、国会が発議し、国民投票での過半数の賛成により憲法を改正できると規定している。しかし国民投票の実施方法などを具体的に定めた法律はなく、かねて立法府の怠慢が指摘されてきた。

こうした状況を改めるため、自民、公明両党は昨年、国民投票法案の骨子をまとめた。与党案は(1)国民投票の有権者資格は国政選挙と同じく満20歳以上の国民(2)国会が発議した日から30－90日以内に国民投票を実施(3)投票方式は改正を発議する際に別の法律で決定――などが主な内容だ。投票日は国政選挙と別日程になる。投票日の20日前までに内閣が告示することなども盛り込んでいる。これを踏まえ与党側が民主党に協議を呼びかけていた。

衆参両院の憲法調査会は４月に、それぞれ最終報告書をまとめる予定になっている。国民投票法案を成立させるためには、まず両院の憲法調査会に法案審議の権限を与えるための国会法の改正が必要になる。最終報告書の提出後にこの法改正が実現する見通しだ。このため衆院憲法調査会の中山太郎会長は国民投票法案の成立時期について「憲法調査会に法案審議の権限を与える国会法の改正をして国民投票法を作らないといけない。恐らく成立は今年の11月ごろか、遅かったら来年の１、２月になるだろう」と語っている。

しかし国民投票法案は極めて技術的な法案であり、憲法を改正するかどうかにかかわらず、本来は立法府がもっと早い段階で整備しておくべきものだった。野党第一党の民主党が参加して法案の協議が始まるのは、憲法論議が成熟してきた証しでもあり、ここまで来ればいたずらに時間をかける必要はないだろう。

与党案を巡り、民主党内には「満18歳以上に投票権を与えるべきだ」などの意見も出ている。民主党は党内の意見を集約したうえで、与党側と精力的に協議を進めてもらいたい。与党側も柔軟に一致点を探り、法案の早期制定を目指すべきだろう。３党の協議機関で実質的な話し合いが始まるのは、最終報告書の提出後とみられるが、6月19日の会期末まで、まだ時間は十分にある。

とまって法案を作るということになれば、その法案をどこの委員会に付託する。こういったことが国会の、俗にわれわれが言う議運で検討されるわけです。

　憲法調査会は、法律案を議論したり提出したりする権力というか、そういうものは一切、国会法で認められていません。ただただ、憲法の問題について調査を行なう。その期間はおおむね五年間ということで、この一月に五年が終わった。こういう状況の中でこれから私どもの調査会から衆議院議長あてに最終報告がなされるわけです。それが出たあとどうするかという問題についてこれから論議が始まるというふうに御理解をいただければいいと思います。

【今井】　中山さん、ちょっと前にお話を伺ったとき、「憲法改正国民投票法の制定は、主権者国民の手に主権が戻る日なんだ」というふうにおっしゃっていたんですが、きょうはその科白《せりふ》が出てきませんでしたね。

【中山】　「主権者は国民だ」ということはものすごく大事なことだと思っています。このことを主権者である国民が、教育の場を通じてどの程度理解しているのか。ここに日本の民主主義の弱さがあると思うんです。だから、憲法というものを国民一人ひとりでこの際がっちりと受け止めて議論していただくということで、初めて皆さん方が選んだ国会議員同士の議論ももっと活性化すると思います。そういうつもりでいます。

改憲の是非を問う国民投票
どんなルールで行うべきか
改正国会法と国民投票法を論じ合う

【保岡】　いま皆様がおっしゃいましたように、私も最初、言及したと思うけれど、憲法制定権というのは国民にある。いちばん大事な最高法規、憲法を決める国民投票は国民の最重要のテーマである。だけど、正直言って日本国民はこれを一回も経験していないんです。

　今の憲法も実は国民投票はしていません。明治憲法はもとより、それ以前のものも国民投票で決めたという最高法規の歴史はありません。ですから、歴史的に最初の制定権者の権利行使になるということを、お互いに考えなければいけないと思います。

先ほど、枝野先生が違憲状態と言われたけれど、まったく国会の不作為が問われるということになるので、できるだけ早く国民投票法は決める。ただ、国民投票法だけではない。先生たちが言われたように、議会で受け皿として発議する委員会もなければいけない。そのためには、どんな手続で発議をしていくんだという国会の中での手続の法律も用意していかなければいけない。そういう状況にあると思います。

【魚住】 国民投票の話が出てくると、数年前までは国会の怠慢《たいまん》だ、怠慢だとずいぶん言われました。それはおそらく枝野さんがおっしゃった立法の不作為の話なんだろうと思います。憲法九六条改正のことが出ていますが、国会は国権の最高機関と言いながら、実は憲法改正権力がそれより上であり、その上が憲法制定権力になるわけです。その憲法改正権力の発動形態をこの立法に委《ゆだ》ねていて、それをずっとこの六〇年間、不問に付してきた。これはやはり違憲状態なんだろうなと思います。

ただ、この六〇年間、何とかやってきたわけであり、改正するにせよ、しないにせよ、もし改正するとなった段階で改めて国民投票法案なるものを議論したら、また混乱があるのではないかと私自身は思っています。今この段階でこのような案を出せること自体、いいのではないかと考えています。

【今井】 徐々に厳しい質問をパネリストにぶつけていきます。まず阿部さん。私の記憶では、ちょっと前まで社民党は、それが真っ当なものであれなかれ、国民投票法の制定自体がよくないんだというふうに言っておられたような気がします。

この前、三月一〇日に憲法問題に関する「論点整理」案を発表され、その中で国民投票に「不可欠の要件」について七つほど示されていますよね。三月一〇日を期して社民党の方針が変わったのか。あるいは変わっていないのか。あるいは、まばらなのか。福島(瑞穂)さんと阿部さんとで意見が違うのか。そのへんをきょうは正直に答えていただけたらと思います。

【阿部】 世の中、憲法を変えたい、変えたいという邪悪《じゃあく》な思想が徘徊《はいかい》していて、小さい社民党として国民投票法案のことを、イエスと言ってしまったら、ドドドッと押されてしまうというけなげさが、一方でこれを押し止めているわけです。
憲法って特にほかの法律と違って国民を国という国家権力から守ったりするわけです。ほかの法律は、あんたはそれをしてはいけないよという法律だけど、憲法は、国は、あるいは国家、権力者は弱い国民にこれをしてはいけないよというふうに法体系が全然違うわけです。だから、今回の整理でまとめたことは、あくまでも主権在民を強化する方向で国民投票法が論議されるのであれば、それもOKだよということです。

【今井】 論議されるのはOK。プラス、真っ当であれば制定されてもいいということですか?

【阿部】 そうです。特に発案のところで、私は思うんですが、地震、いまこんなに相次いで、スマトラ沖、新潟、九州と起こる。この中に「環境」こそ第一条目に来るべきだと思う国民がいてもいいと思います。でも、憲法を変えるところは国民が発案を保障されてこそ私は真っ当な姿だと思うので、そこがなければ、さっきの「冗談はよしこちゃん」になるということです。

【今井】 そうなると、この壇上におられる方は、それが真っ当なものであれば、国民投票法など「憲法改正の手続法」について制定していいという方ばかりとなります。早速ですが、反論を求めましょう。会場におられる方の中で、真っ当であろうがなかろうが、このタイミングで制定するのは絶対だめなんだという御意見をお持ち方、遠慮なく手を挙げてください。

―どなたも手を挙げない―

えっ、ゼロですか。勇気を持ってどうぞ。私が共産党の仁比さんの代わりに言ってやろうという方、だれもいませんか。本当にいないの。困りましたね。そうですか。じゃ、このまま議論を進めるしかないですね。あとで発言する気になったら手を挙げてください。

※討論会開催のあと(四月九日)に、日本共産党の仁比聡平議員の国会事務所より左記の文書が編著者宛に届きました。参考資料として掲載します。

【国民投票法に対する党の見解】

いま取りざたされている「憲法改正国民投票法」制定は、日本を「海外で戦争をする国」につくりかえる憲法九条改悪をすすめる手続きを定めることを目的としたものであり、私たちは強く反対します。多くの国民は、このような改憲には反対しています。私たちは、いま力をそそぐべきは、「憲法改悪反対」の一点で国民の力を合わせることだと考えています。

投票権者、キャンペーン活動など、国民投票のルールは公職選挙法に準じたものにしますか？　それとも異なったものに？

③

【今井】　では、次のテーマに行きます。ルールについて具体的な中身に入っていきますが、皆さん御存知のように、国民投票が実施される場合、公職選挙法が適用されるわけではありません。皆さんの地域の自治体でも、この間、住民投票が行なわれたところがたくさんあると思います。去年一年で一三〇件ほど住民投票がありました。今年だけでもすでに五〇件ほどやっています。それは公職選挙法に基づいて実施しているわけではなく、住民投票条例に基づいて、地域の、自分たちで決めたルールに基づいて住民投票をやっているわけです。国民投票の際も現在の公職選挙法とは違うルール作りをやるわけですが、投票権者、キャンペーン活動について、具体的にどういうのがいいのかということをこれからパネリストの皆さんに伺っていきます。まず年齢についてです。公職選挙法と同じ二〇歳以上でいいとお考えか。一八歳、あるいは一六歳以上にしたほうがいいというようなお考えがあるのか。魚住さんからお願いします。

【魚住】　私は二〇歳でもいいし、一八歳でもいいと考えています。

【保岡】　私は、国政参加権というのか、国民主権のいちばん基本ですから、二〇歳以上がいいと思っています。

【中山】　私は学校の義務教育課程の最終の段階でも、憲法について十分な教育が行なわれてから投票権を持ってもらったらいいと思います。学校で憲法の勉強をしっかりしないと、本当の国民投票を、自分が投票権を行使するというのが曖昧《あいまい》になると思います。

今の学校で憲法をどの程度教えているか。ほとんど教えていません。教えてもさらっと教えているぐらいです。そこらのところを義務教育課程で、主権者になる国民の若い人たちに学校がきちっと教えてから投票権を行使するというかたちがいちばん正しいと思います。

【枝野】　私も似ているのかもしれません。理念的には、憲法は国民主権の中心ですから、義務教育終了時点までには憲法についてのきちっとした教育がなされているはずでなければおかしい。したがって、義務教育終了時から国民投票については投票権を与えるべきであるというのが理念的に正しいと思っています。

【今井】　ということは一五歳、中学校を卒業したらということですか？

【枝野】　ぼくは公職選挙法もそうすべきだと思っていますが、日本は学校制度で四月からというのがあるんだから、年齢何歳でなくて、何歳の誕生日を過ぎた翌年の四月一日というところからですするのが本来は筋だと思います。

【阿部】　私ども社民党はと、ここは社民党で答えられるんですね(笑)。一応一八歳以上ということでまとめていますが、おっしゃったように、もし一五歳の時点で憲法の実際について子どもたちがつかみとることができたら、年齢はもっと下げていったほうがいい。

あと、永住外国人ですね。公職選挙法と大きく違うところだと思いますが、今は市民国家というのか、国民国家からより市民と広げているわけだから、投票者はそこに住まう人でいいと思っています。

【今井】　いま永住外国人の問題が出ましたが、日本で最初に永住外国人に住民投票での投票権を認めたのは滋賀県の米原町《まいばらちょう》です。いま米原市になりましたが、ここが最初だったのです。この投票以降、永住外国人の投票権を認める自治体が広がりました。ただし、国政と自治体の問題は違うという意見もあると思います。枝野さん、永住外国人の投票権について、民主党はどうですか？

【枝野】　主権国家という概念が存在している以上、国政についての権限を持つかどうかというのは、国籍の唯一最大の権能ですから、国政に関する権能を永住外国人に認めることはありえないとぼくは思っています。

【今井】　中山さんはどうですか？

【中山】　枝野さんとまったく一緒です。

【今井】　保岡さんは？

【保岡】　同じです。

【今井】　魚住さんは？

【魚住】　公明党も地方選挙権については一生懸命取り組んでいますが、憲法改正という国民投票につきましては枝野さんとまったく同じ意見です。

【今井】　阿部さんだけが……。

【阿部】　そうです。私たちは国民国家を超えていこうということでして。でも、本当にそこにずっと居住しているわけですから。いまヨーロッパだってそうなっているじゃない。日本だってこれでいかなくっちゃという路線です。

【今井】　阿部さんに反論があるそうです。枝野さん、どうぞ。

【枝野】　将来的に主権国家という概念が相対化していくだろうということはありえると思っていますが、現時点では国籍という概念、主権国家という概念で各国とも成り立っている中で、私は地方参政権についてでは国家主権の概念とちょっと違った整理の仕方は十分ありうるんだと思っていますが、憲法改正について永住外国人に投票権を認めた場合、じゃあ国籍って何なんだということになってしまうし、現実に国際社会がそれで動いていますから、そこはわけがわからなくなってしまうのではないかと思います。理想とする趣旨は理解できますが、残念ながら人類はまだそこまで到達していないということだと思います。

【阿部】　永住している外国人ですよ。日本の歴史だったじゃない。引きずっているんじゃない。そこでまた締め出すんですか。枝野さん、未来志向ではと言ったけれど、私はこれこそ過去から続く未来ということだと思っています。

【枝野】　その歴史的な経緯の話はよくわかります。よくわかりますから、例えば地方参政権の話とか、国の方針を決めるという国政のダイレクトの権限以外のところでは、特に永住外国人の一部の人たちについていろいろな配慮しなければならないという歴史的な宿命をわれわれは負っているんだと思いますし、それを果たすべきだと思います。

しかし、そういう皆さんの中でも、どうせこちらで永住しているんだからといって日本国籍をとった方と、そうではなくて、もともとの国籍のままでいる方と、両方、それぞれの自己選択があるわけです。最終的な自分のアイデンティティをどっちに置くのかということで、その国籍のどちらかを選択されているわけですから、逆に言うと、永住外国人になっていてもおかしくないような経緯の方で、いろいろな判断で日本国籍をとっている方と、もともとの朝鮮半島などの国籍を今も持っている方との間の逆差別になるのではないか。ですから、国籍ということで、国家主権にかかわるところだから区別せざるをえないんだと思っています。

【今井】　この問題はたぶん議論にものすごく時間がかかると思うので、この問題だけでまた改めてやりましょう。次に戸別《こべつ》訪問についてです。公職選挙法では、国政選挙であれ、地方自治体の選挙であれ、戸別訪問は禁じられています。国民投票のキャンペーン活動に際してはいかにあるべきか、魚住さん、どうですか？

【魚住】 二月の衆議院の予算委員会で総理に質問された方がいまして、戸別訪問について、公職選挙法上も議論して、これを禁止するようなことはよくないのではないかというような答弁もありました。立法事実として有権者が買収されるといったことが通用するのか。

また、細川内閣だったと思いますが、たしか夜八時ぐらいまでは戸別訪問、大丈夫ですよといった法案というか、改正になっていたと思います。そんなことを考えますと、国民投票運動において戸別訪問を禁止すると耐え難いものがあると思うんです。国民投票は国政選挙と違って、可及的《かきゅうてき》に、幅広に考えていくべきであると考えています。

【保岡】 魚住先生が可及的に幅広くと言われましたが、私も原則として、最高の政治活動ですから、できるだけ自由度の高い制度を作ったほうがいいと基本的に思います。ですから、戸別訪問は規制する必要がないと個人的に考えています。

【中山】 私も個別的に規制を強めるべきではないと考えています。国民それぞれが自由に国のあり方を相談していくことが大事だと思います。ただ一点、放送とかテレビとか、そういったものが一方的にPRすることは全体のために果たしていいことかどうか。これはよく検討しなければならないと思っています。

【枝野】 まず、そもそも問題の設定自体がちょっと違うのではないかと思っています。選挙の場合、一億三〇〇〇万人、だれが立候補するか、だれを選ぼうかという話は公示、告示の日に決まります。だから、選挙運動期間という概念を作る。選挙運動期間に何をしていいのか、しては悪いのかという概念を作れます。

しかし、憲法を変えるか変えないか、どう変えるのかという議論は、普段だって今みんなしているわけです。新聞もテレビもみんな、変える、変えないという議論を書いたり放送しているわけだし、残念ながら比率は少ないけれど、そこらへんの居酒屋談義でもそういう話をしているわけです。それが、国会が発議した途端に何か規制がかかるとかかからないとか、そういうことを想定すること自体がもう不可能。国民投票運動という概念を設けること自体が不可能だとぼくは思っています。ですから、そもそも規制はありえないということだと思っています。

【阿部】　今の点に関しては枝野さんとほぼ一緒です。日々のものだし、それから憲法を変えるほうに誘導されたら、おにぎりの中に一万円入っていたら、それでだれか得するかというとそういう問題でもない。日々、自分たちの明日の生き方を問うていることだから、私もちょっと違うと思います。あと、メディアだって、それをどんどん、バンバン取り上げてくれたほうがいいと思います。

【今井】　さっき永住外国人の投票権の問題を取り上げましたが、外国人については投票権だけではなくて、運動についても禁止するという案が出ています。先ほど紹介した日本ペンクラブの声明の中に、「さらに投票法は、(4)教育者の投票運動の禁止、(5)外国人の投票運動の禁止を規定している。要するに、教育者や外国人は憲法改正問題について口出しをするなということであるが、ここに至っては、露骨《ろこつ》な批判封じ込め策そのものである」というふうに書いてあります。教育者、公務員の運動参加、外国人の運動参加について、どんなふうにお考えか。阿部さんのほうからお願いします。

【阿部】　例えばその方が教育者であっても、当然さっき言った日々の営みなんだから、それで利害誘導なんかされないんですから、きっちりと運動も含めて一緒に護《まも》ろうよ。あるいは一緒に変えようよでもいいです。そこはバリアフリーというか、みんながより参加できるかたちでやらないと。公務員はだめ、教育者はだめ、あれこれはだめというのはおかしいと思います。

【枝野】　先ほど話したとおり、国民投票運動という概念をある期日から期日まで区切って規制するということは、論理的にありえないと思っています。一般的に日常の政治活動について公務員の一部は規制を受けています。その規制がそういう時に及ぶ。例えば地位利用はだめだろう。義務教育の先生は政治的中立確保の措置法というのが今も残っているはずですが、そういう法律で一定の規制を受ける。憲法改正発議がなされてから投票までの間もその規制が及ぶということにすぎない。

外国人についても意見表明は自由です。われわれ憲法調査会でも、憲法についていろいろな外国の方を参考人として呼んで意見を聴いているので、そのこと自体、自己矛盾を起こしてしまいます。意見表明は外国籍であろうが何であろうが規制のしようがないのではないか。日本国内でなくて海外で、それこそCNNか何かで、いや、日本の憲法は変わったほうがいいですねとアメリカの国務長官か何かが言ったりして、CNNを通じて日本に流れてきた。そこで止めるんですか。不可能です。ですから、そういう運動を規制するという概念自体がありえない、無理なんだと思っています。

【魚住】 なるべく幅広にという話でしたが、ただ、一定の限界があるんだろうと思うんです。いま民主党さんもおっしゃったように、与党案の中でも公務員とか教育者がその地位を利用してというようなことは、これ、できないものとしましょうというふうにしているのであって、公務員も教育者も国民であって、その限りでは国民投票運動はできると思います。

また、外国人の場合も、与党案で考えたものは、それについて寄付をしてはいけないとかそのようなことを言っているのであって、いま枝野さんがおっしゃったようなCNNうんぬんといった話ではないということです。

【保岡】 例えば教育者でも、私立はどうかと思いますが、公立ですね。公務員ですね。こういう関係になると、公務員の政治活動禁止というものがあります。選挙運動禁止はもちろんあるんです。特定の候補者や政党を支持し、応援するようなことを公務員が公の立場でしてはならないというのは当然の話であります。それと同じように、憲法改正運動も地位を利用して公の立場でやるというのは、やはりまずいのではないでしょうか。

私はそういう意味で憲法改正について、それが賛成にしろ反対にしろ、一定の定義、例えば単純な意見表明、公の立場でなさるようなことを除くとか、いろいろ議論して、整理して、公正を損ねるような行為は規制する。ただ、枝野さんが言われたように、運動期間もない。定義はしっかり議論しないと、普通の選挙運動と全然違うじゃないかという御指摘はまったくそのとおりだと思っています。

【中山】　保岡先生、枝野先生の御発言と基本的なところはだいたい似ていると思います。公の立場にいる人たちが自分の権力を使って方向性を出していくことは、法律の決めているところに従ってやってもらうということが大切だと思います。

情報媒体において、その企業、社内記者、社外のコメンテーターらが、賛否に関し自らの意見を主張することについて、これを規制すべきですか？ 賛否の宣伝活動に、テレビやラジオなど放送媒体の「スポットCM（PR）」を使うことは許されますか？

④

【今井】　次はメディアについて伺います。与党の国民投票のルール設定はメディア規制を考えている。これがけしからん。例えば虚偽の報道うんぬんと書いてあるけれど、だれが虚偽かどうかを決めるのか。そんなことを罰するなんていう一文を入れるな、盛り込むなということがペンクラブの声明にも書いてあるし、いろいろあります。まず保岡さん、どうでしょうか。

【保岡】　基本的には自由でもいいのではないかなんて、私個人では思ったりしています。

ただ、放送とか新聞などは社会の公器で、重要なお立場だし、できればそれを乱用して公正な国民投票運動が害されるなんていうふうなことがないように、当然自主規制が前提になると思うし、とてもまずいと思うことは法の規制の対象になる。そのへんはこれからよく議論すればいいのではないか。先ほど中山先生が言われたように、まったく自由でいいかどうかはよく議論してみる必要があると思います。

【枝野】　これも今までの話と一緒で、国民投票の発議が国会で議決されたところから投票日の間だけ何か特別の規制をかけるということは、ほとんど無意味というか、不可能に近いんです。現在、新聞各紙もこういう憲法改正に賛成だ、反対だといろいろ書いています。こういうところに、お金で編集長が買収されて、職権を使って何とかということがもし行なわれていたら、それはマスコミの自殺行為なので、その期間中だけ規制するということはほとんど意味がない。

ですから、国民投票運動については、先ほどの公務員の地位利用なども全部そう、あるいは外国人の寄付禁止などもそうですが、普通の平常時の政治活動についての例外的な規制など、あるいはメディアについては国民や有権者、市民との関係で負っている義務がその期間中も同じように及ぶということで基本的にいいのではないか。もちろんこれはちょっと精査をしないといけないと思っています。

これから各党で協議機関なり、あるいはポスト調査会でこの問題を議論できるとすれば、各国の例などを調べてみて、ここだけは問題があるからやらなければならないという話が出てくるかもしれませんが、基本的には今のような発想でやらないと、普段は新聞がいろいろなことを書いていたのに、発議された瞬間から逆に新聞が憲法のことを書かないみたいな話になったら、わけがわからないことになります。

それから新聞報道機関というとみな朝日新聞とか読売新聞とか頭に浮かびますが、それぞれ政党の機関紙を持っていたり、憲法改正発議の時には国民的にもいろいろなミニコミ誌とか、バーッと出てくるようなことになってくれないと投票率の関係で心配なので、そういうところに変な規制が結果的に及ぶようなことになるとよくないと思いますので、基本は自由という線をかなり強く出しておかないといけないと思います。

【今井】 ということとは、保岡さんが考えていらっしゃる自公案とはちょっと違うということですか。ああいう一文は盛り込む必要がないと？

【枝野】 自公案もいろいろな経緯の中で検討されてきているんだと思いますが、諸外国の例とか、もっときちっと議論をしてほしい。あるいは、残念ながら歴史的な経緯でしょうがないけれど、どちらかというとクローズな中で作られてきていますから、それこそメディア関係の人とか、いろいろな市民活動をされている皆さんとか、幅広い国民の声を聞く中で、今のような点については折り合っていけるのではないかと思っています。

【阿部】 今やっと枝野さんがちょっと押し返したけれど、さっきまで論議されているような国民投票ならば、やらないほうがいいですね。どういうことかと言うと、例えばNHKの従軍慰安婦問題の報道介入だって、NHKが自主規制したんですよと今もって言って進んでいるわけです。これでだれか一億円もらって得しますか。聞いてみたい。憲法を変えることにあたって、そういう利害関係って本当にあるの？　だから、基本は自由が原則です。そこの最低限、何が規制されるべきかという原点からいかないと、どんどん狭められていくのではないか。

先生たちだってそうですよ。私の対談した憲法学者で畑田重夫さんという人がいたんですが、お手洗いにも憲法だと。ああ、いいな。そうか、お手洗いに入っても憲法のことを思う。それぐらい日々の営みに血肉化されなければ、こんなこと、国民投票で聞いたって意味がないと思う。それをあの人はこの立場だからそう言ってはいけないとか、それでどんな利害がそこに関係するんですか。真剣に問うて欲しい。そんな投票なら、やらないほうがいいですよ。枝野さんのように上品に言えば、各国のものと比較してみなければいけません。しかし、さっきの声を聞いていて、いやだ、いやだ、そんなのならば本当に国民はかわいそう。国民主権って何ですか。

【保岡】　そういう自由を尊ぶ精神はまったくすばらしいと思いますが、例えば公務員にしても、学校の先生、外国人にしても、意見を言ったり、私的な会合とかいろいろなところではなくて、公の場で地位を利用するかたちで、職権を利用するかたちで運動するとか、そういう一定限度のルールは、国家の組織を守る、中立性を守るためにも、学校の先生のお立場を守るためにも、必要なことではないか。何でもありというのがすばらしいというふうには私は思いません。

【魚住】　あと、事実に基づかないような報道とか、それは困るのではないかと思います。またメディアでも、ミニコミ誌という話もありましたが、いろいろなメディアがあるわけで、もう少し協議の場で詰めていく必要があるだろうと私は思っています。

【今井】　私も宣伝活動の原則自由に賛成ですが、テレビの影響力は大変なものです。スイスの場合、意見広告を新聞に載せるのは自由です。ちょっと前も高速道路の建設について国民投票があった時、道路業界、建設業界は毎日、新聞に意見広告を出しました。毎日です。でも、反対する側の環境グループはお金がありませんから、三日にいっぺんとか四日にいっぺんしか意見広告を出せなかった。そのことについて地元の新聞社の方々に、これ、不公平じゃないかと言ったら、不公平だけどスイスは自由のほうを優先すると言いました。ところが、テレビのスポットＣＭは完全禁止です。なぜかと聞いたら、マインドコントロール状態に持っていくことができるからだと。一五秒とか三〇秒のスポットCMは絶対だめだということになっています。

そこで、阿部さんに伺いたいのですが、テレビのスポットがOKということになると、財界をバックにしている改憲派の人たちは圧倒的に有利です。阿部さんたち九条護憲派は非常に不利だと思います。それでも規制しないほうがいいですか？

【阿部】 今の今井さんの例えはちょっと正当っぽく、真っ当ぽく聞こえるんだけど、本当にそんなに大事な国民投票を論ずる、国民の意思を問うのだったら、朝から晩までNHKで日曜討論をやるとか、いろいろな方法があるんです。こっちをだめにして、こっちはOKとか、どこをだめにしますかなんていう論議をしているより、さっきのトラック業界か何か、道路の話かな、それだって利害が絡《から》んでやっていることでしょう。もちろん憲法だって、憲法を変えて武力産業、武器産業、ガンガン行こうという人がいないわけではないですよね。やばい、やばい。そう思いますが、それでその人たちが憲法を変えようってCMを流したら、えっ、ちょっとと国民は気づくんですよ。

国民は、そんなにバカではない。土井さんの顔を見て、なぜ護憲、護憲と言っているのか。そのことだってメッセージだから。もちろんお金のあるところがたくさんの放送を支配してしまうことはありますが、そのために公共放送があるんです。七〇万人が料金を納めてないNHKが、そういう国民論議の時はきっちり頑張っていろいろな放送をすべきでして、どこからだめというふうにやるのはおかしいと思う。

【枝野】 私も今井さんからスイスの例を聞かせてもらった時に、テレビだけは考えないといけないかなと思わないではなかったのですが、やはり同じ理屈で不可能だと思うんです。例えば、今度発議された憲法改正案に賛成しようとか反対しようというコマーシャルを流してくれるんだったら、それは規制できるかもしれない。だけど、まさに政治そのものですから、憲法改正に賛成の投票をしようという広告を打たなくたって、日本をこういう国にしようという広告を打ったら、そこまで規制することはできないはずです。

例えば九条に国際貢献ができるような規定を置こうという時に、自衛隊の皆さんが海外でこんなに一生懸命頑張っています、こういう人たちがもっともっと頑張れるようにしましょうというコマーシャルだったら、九条を変えるのに○をつけましょうというコマーシャルとは違うわけです。そんなもの、規制しようがないと思います。ですから、できる、できないという問題としてそもそも不可能だと私は見ています。それこそスイスの例とかを勉強をさせていただいたうえで可能だったら、確かにテレビＣＭは若干《じゃっかん》怖さがあるので、考えられるならやったほうがいい部分もあるかなと半分思いつつも、いまのところは不可能ではないかと思っています。

【今井】 反論ではないのですが、ソ連が崩壊してロシアになって、エリツィンは国民投票を三回やっています。九三年に、社会主義をやめて資本主義に移るかどうかとか、エリツィンを支持するかどうかとか、四項目について個別に賛否を示す国民投票をやったんです。

当時、私はモスクワに住んでいたんですが、ちょっとえげつなかったんですよね。朝起きてラジオをつけたら「ダー《賛成》、ダー《賛成》、ニェット《反対》、ダー《賛成》」、テレビをつけても「ダー、ダー、ニェット、ダー」。どこへ行っても「ダー、ダー、ニェット、ダー」と、私自身もマインドコントロールかかりかけました。そういうのもあったんです。だから、枝野さんがおっしゃったように、一度国会議員の皆さんで議論していただけたらと思っています。

保岡さん、魚住さん、今の件についていかがですか？

【保岡】 テレビの影響力が大きいというのは、いま家庭の主婦もほとんどテレビを見ている。日本は子どもがテレビを見る時間がものすごく多くて、これが日本の学力低下に直結している。夜は遅いし、睡眠時間は短い。このようなお話をこの間、聞いたばかりですので。それぐらい生活の中でテレビの占める影響力はあらゆる分野に及んでいます。そうなると、何かルールを考えなくていいのかなという気もしないわけではありませんが、そこは先ほど枝野先生が言われるように、運動期間もないし、いろいろな人たちがいて、国民が良識を持って判断するのだし、そのへんはある程度自由度もしっかり確保しておかなければいけないかな。表現の自由との関係、マスコミの公器の関係、重要性の関係。もう少し議論してみたいなと思います。

【魚住】 スポットＣＭの関係は、スポットを出す団体なり企業の自由も考えておかなければいけないのではないかと思います。いろいろな団体がありますし。例えば日弁連がこういう意見だというスポット。日弁連はお金がないでしょうから、そんなに長い枠でできない、スポットでしかできないところですよね。そんなことも考えておく必要があるのではないか。先ほどの実質的に規制できるかということもありますが、スポットを買う側の表現の自由、政治活動の自由も考えていく必要があるのではないかと思います。

【中山】 国民投票の経験を持たないわれわれですから。皆様方、ご案内のようにヨーロッパ各国は憲法を持っていますが、今度、EUが二五カ国になったために、憲法条約案というのを各国首脳が署名して、それを国民投票、あるいは国会の議決によって方向を決めている国がたくさんあります。われわれはこれについてよく調査して、どういうふうにヨーロッパの国々が国民投票をやっているのか。これらの点を国民の皆さん方に国会としては責任を持って説明して、お知らせすることが大切だと思っています。

【今井】 これで前半の議論が終わりますが、会場から御意見とか御質問があれば手を挙げていただけますか。では、慶應大学教授の小林《こばやし》節《せつ》さん。

【小林】 先生方の御議論、すごくかみ合っていてとても勉強になりましたが、一点だけ気になりました。私が日本弁護士連合会から入手した、与党の国民投票の手続法案、条文のかたちになっているものを見ましたら、一カ所だけギョッとしたところがあったんです。それは、マスメディアが買収されたではなくて、編集長がその編集長の地位を利用して、改憲あるいは護憲を目的とした編集出版をすることが引っかかるような条文になる。つまり、マスメディアがそれぞれにオピニオンを主張することも撃たれるやに読めたんです。

小林節さん

　保岡先生はもちろん法律家でいらっしゃるので非常にまともなことをおっしゃっていますが、保岡先生は与党の責任者でもいらっしゃいますよね。中山先生はいつも真ん中で、公平であらんとしておられますから(笑)、決して過激なことをおっしゃらない。魚住先生も弁護士でいらっしゃいますよね。したがって、ぼくが読ませていただいた文章と保岡先生、魚住先生お二人のやわらかい話がすごくかみ合っていないので、その点、できたらはっきりさせていただきたい。

【保岡】 実は条文のかたちまでは作っていなくて、骨子案というかたちです。それも、お互いに党議決定をしたのではなくて、一応そういう仮置きのところで置いてある。以後はほかの政党とも議論する。その時お互いの意見のすり合わせをちょっと前段階でこなしておこう。とりあえずというようなことで、党でも報告しただけで、決めていない。ですから、今度協議をする時は野党の先生方も含めて、その時はゼロから議論して、これは一つの参考にしようねということはお互いに話し合っているところです。

先生が言われた指摘、私的な地位利用による運動を禁止するというのは、選挙のとき、私と先生とが兄弟だ。だから、弟のことをどんどんやろうとか、そういうのはよくないねと。特定の政党や個人への私的な関係を利用した不当な投票の依頼を禁止するということです。

枝野さんが冒頭から強調されているように、特定の政党や候補者を選ぶ選挙のルールと違い、また私も、憲法の改正運動は最高の政治活動といってもよいものであり、おのずから運動の期間も定めにくい性質のものでもあるし、選挙運動とは本質的にずいぶん違うのではないかという御指摘はそのとおりだと思っていますので、そういうことをベースによく議論したいと思います。

【小林】　はぐらかされたみたいな気がするんですが（笑）。私が言いたかったことは、マスメディアはオピニオンを主張するのはあたりまえです。それは規制すべきではない。そうでないとインターネットの垂れ流しと同じですから。朝日新聞は朝日新聞的であることに価値があると思うし、産経新聞は産経新聞的であることに価値があると思う。両方があるから自由で民主的な社会だと思います。

その延長線上で、最も政治的な憲法改正で、メディア自身の意見の主張を規制するという発想はおかしい。あと、先生方がおっしゃった地位利用とか買収とか、これはどの舞台でも禁じ手ですから、それはあたりまえの話だと思います。しかし、オピニオン規制をしないでいただきたい。もちろん私は改憲論者ですが、これはぜひ保岡先生に申し上げたいと思っています。

【保岡】　承知しました。

【今井】　現場の声も伺いたいと思います。テレビの報道番組で解説をされている辛坊治郎《しんぼうじろう》さんが来られているので、辛坊さん、自公案について危惧するところはないですか。

【辛坊】　基本的に、私は阿部さんとは政治的にも思想的にもまったく違う立場だということを前提とさせて

辛坊治郎さん

いただいたうえで、ぜひ中山さんらにお聞きいただきたいと思います。日本人は言論の自由に関して認識が非常に甘い。日本は戦争で負けたがゆえに、自由に、そして、平和になった。それゆえ、自由や平和は、棚からぼた餅のように手に入るのではないかと思っている人が多い。しかし、世界では、自由や民主主義はそれこそ長い年月、血を流して戦い取ってきたものです。旧憲法においては、臣民の言論の自由という権利は、「法律の範囲内において」認めるというものでした。ですから、法律さえつくればいくらでも制限できた。それはいけないだろうということで、現行憲法の二一条では、「法律の範囲内において」という文言を排して、「一切の言論の自由はこれを認める」とされた。どちらかというと、アメリカの修正憲法第一条のような、すべての権利に先駆ける権利、民主主義の原点、絶対の自由というところに言論の自由が置かれた。ところがそれに対して、左の人もそうですが、認識が甘くて、ややもすれば人権を守るというような名目のもとで言論の自由が最近どうも制限される傾向にあるのではないか。憲法をどうするかという大きな問題に関して、細かい言論の制限規定を設けるというのは筋が悪いのではないか。

先ほどのテレビのスポットに関しても、何もそんな法律に、業界用語めいたものを……、テレビのスポットって何だと言われても、私、二五年放送の世界にいるけれどよくわからない。例えば、テレビ以外でも、同様の手法、最近よく見られますが、列車内の全部の吊り広告を同じものに染めてしまうというような広告手法もあります。ありとあらゆる手法が考えられるから、基本的には全部を認めて、さまざまな手法が、汚い手が使われるかもしれないけれど、そのうえで全部を提示して、いい言論も悪い言論もすべてあったうえで、たとえば、自由な市場で、悪い商品が淘汰《とうた》されていって、いい商品が残るようにする。言論というのは基本的に自由であるべきではないか。その基本をできれば、法律を作る時には押さえていただきたいと思います。

【今井】 ありがとうございました。立教大教授の山口《やまぐち》義行《よしゆき》さん、どうぞ。

【山口】 規制を何もしないことが、自由な議論ができるという前提ですが、どうやって自由な議論を保障していくか。そのための規制は必要だと思います。

【今井】　自由な議論をするための規制ですか？

【山口】　ええ。例えば選挙ですと、選挙ポスターに何か書き込んだりすると、これは違反行為になりますよね。憲法についてのいろいろな意見を出しているものに対して、こういうの、いいですかとか、例えば賛成派が反対派のほうのやつを全部バーッと消していく。それからもっと心配になるのは、同じようにビラを配っていても、国会の三分の二が憲法を変えようと決議し国民に提案するわけですから、それに反対の運動をしていくというのは至難《しなん》の業《わざ》です。ものすごい、いわば「改正賛成」の怒濤《どとう》の力が働くわけです。権力の三分の二がＯＫしているわけですから、ビラを配っている時に警察が、よくあるように、憲法を変えるほうのビラは規制しないけれど、一方のほうは道路交通法か何かで規制するみたいなことをされたらどうしますか（笑）。いやいや、そういうことだって現実には考えなければいけないと思いますよ。

山口義行さん

【今井】　そうですね。

【山口】　先ほどから社民党あたりはちょっと甘いんではないか。

【今井】　阿部さん、甘いって。

【山口】　自由にしていけば自由な議論ができるというか、自由が保障されているわけではなくて、一定の規制をしないとだめ。先ほどの教員の一件もそうです。ぼくは保岡さんが言われたことがよくわかるんです。われわれ教員が二〇歳そこそこの学生を相手に教室の中でガンガンやったら、彼らに対する影響というのはものすごくできてしまう。だから、一緒にお酒を飲んだりする時はやりますけれど、教室では少なくともそういうことをちょっと控える。これは実質的な話です。法律でやるかどうかは別にしてね。

いずれにしても、国会の三分の二が憲法を変えましょうと言った時に、反対する人たちの意見をどうやって保障してあげられるか。自由に議論できる雰囲気を守って、どっちかにガッと強制的に働かないようにするにはどういう規制が必要かということは考えるべきです。先ほど何もしなければ自由に議論できるんだという前提でお話しされていたけれど、私は非常に心配になったんです。

【阿部】 私の舌足らずだったら、ごめんなさい。そういう意味で言ったのではなくて、例えばチラシ配布ひとつにしても、先だっても自衛隊のイラク派兵の問題で配布した人が捕まって。あれ、逆に自衛隊はイラクに行くべしというチラシだったら、捕まらなかったと思うんです。そういう意味で世の中はもうすでにひずんでいる。

憲法二七条、労働は権利であり義務である。これを語っただけで問題になるかもしれない。逆に、今の学校教育の中でなぜ教師たちはもっと憲法のことを紹介できないのか。このこと自身、まず問題にしてくれないと。私の言い方が甘かったのか。なぜ子どもたちに憲法が到達しないのか。そのことをまず問題にしてほしい。そして、日常がもっときっちり到達していれば、あとは信じて、そのあとの賛成、反対を問うてもいいという立場です。

そこが山口先生のおっしゃったこととずれているんだったら申しわけないけれど、その前段の部分でもっとどう保障するかを真剣に考えてほしいなと思います。

それから、規制は何らか必要かと問われれば、当然ながら洗脳的オウム、アーレフでしたか、そういうものがあっては困りますが、それは常識の範囲内での規制であると思います。今は過度に教師はこれをしてはならないという規制のほうがグーンと働いているわけだから。

【今井】 議論は後半にまた続けていただくことにして、ここで休憩をとります。

〔休憩〕

⑤ 国会発議から投票までの期間について、何日間が適当ですか？

【今井】 再開します。国会発議から投票までの期間について何日間が適当と考えますか。たしか自公案は三〇日から九〇日ですね。私たち「真っ当な国民投票のルールを作る会」は六〇日から一二〇日としました。このことについて、まず保岡さんからお願いします。

【保岡】 私は与党案の骨子をまとめた時の与党協議の実務者の座長をさせていただいた関係で御説明をしますと、当初、私たちも六〇日から一二〇日と考えたんです。でも、いろいろ話し合っているうちに、ごく簡単な改正だってあるかもしれないね。そういう時は何も六〇日おかなくても三〇日あればもう十二分すぎるぐらいという改正もあるかもしれない。だから、三〇。九〇日というのはそれより、例えば四カ月、五カ月、六カ月と延ばす方法もあるかもしれないけれど、あんまり延ばしても間延びするし、また、いつの間にか発議の内容がだんだんぼけていく。そういうことを考えると、適当なのは九〇日、三カ月かな。みんなが憲法論議をするプロセスは実際に発議までもあるし、と考えました。

【今井】 保岡さん、具体的に伺いますが、九条改憲の是非を問う国民投票をやる場合だったら、三〇日はありえないということですね。

【保岡】 たぶんそういうことになるだろうと思います。

【今井】 たぶんですか。

【保岡】 それはできるだけ長い期間をとってもいいテーマではないでしょうか。

【魚住】 私は与党協議には入っていませんでしたが、六〇日から三〇日に短縮しているものですから、どういうふうに判断すべきかなと思ったんです。確か昭和二八年(一九五三年)の自治庁案は三五日から九〇日というような案だったと思いますので、あっ、そういうことが考えられたんだなと。翻《ひるがえ》って考えると、憲法九六条には、別の国民投票か、あるいは国会が定める選挙の際に行なわれる投票ということで、もし解散総選挙であれば解散の日から四〇日以内に総選挙をしなければいけないわけであって、現行憲法上そういう期間も想定されているのではないかと考えて、与党案のものも実際、簡単なものもあれば、それはありうる話だなと考えました。

【今井】 憲法改正国民投票への手続の流れはこういうことになっています(図表を示す、次頁参照)。

先ほど枝野さんがおっしゃったみたいに、発議されてから議論が開始されるわけではなくて、ずっと議論しているわけだから、この発議までに相当時間がかかっていると考えるべきですよね。だから、実質的には憲法改正案の作成から投票までは、おそらく六カ月ぐらいかかるということです。そういうことだから、三〇日から六〇日しか議論ができないということでもないということです。そのことを会場の皆さんに理解していただいたうえで、阿部さん、枝野さん、何か御発言がありますか。

【阿部】　周知徹底をはかるために期間は長いほうがいい。私は国会に行って思いましたが、私が国会の中でやっていることを私の支持者だってほとんど知らない。国会は国民からすごく遠いですよ。たしかに六カ月ぐらいやっているからと言いながら、現実にあの国会のバタバタ具合を見ると、本当に充実した審議はなかなか行なわれない。国民に何をア

〔憲法改正国民投票が実施されるまでの流れ〕

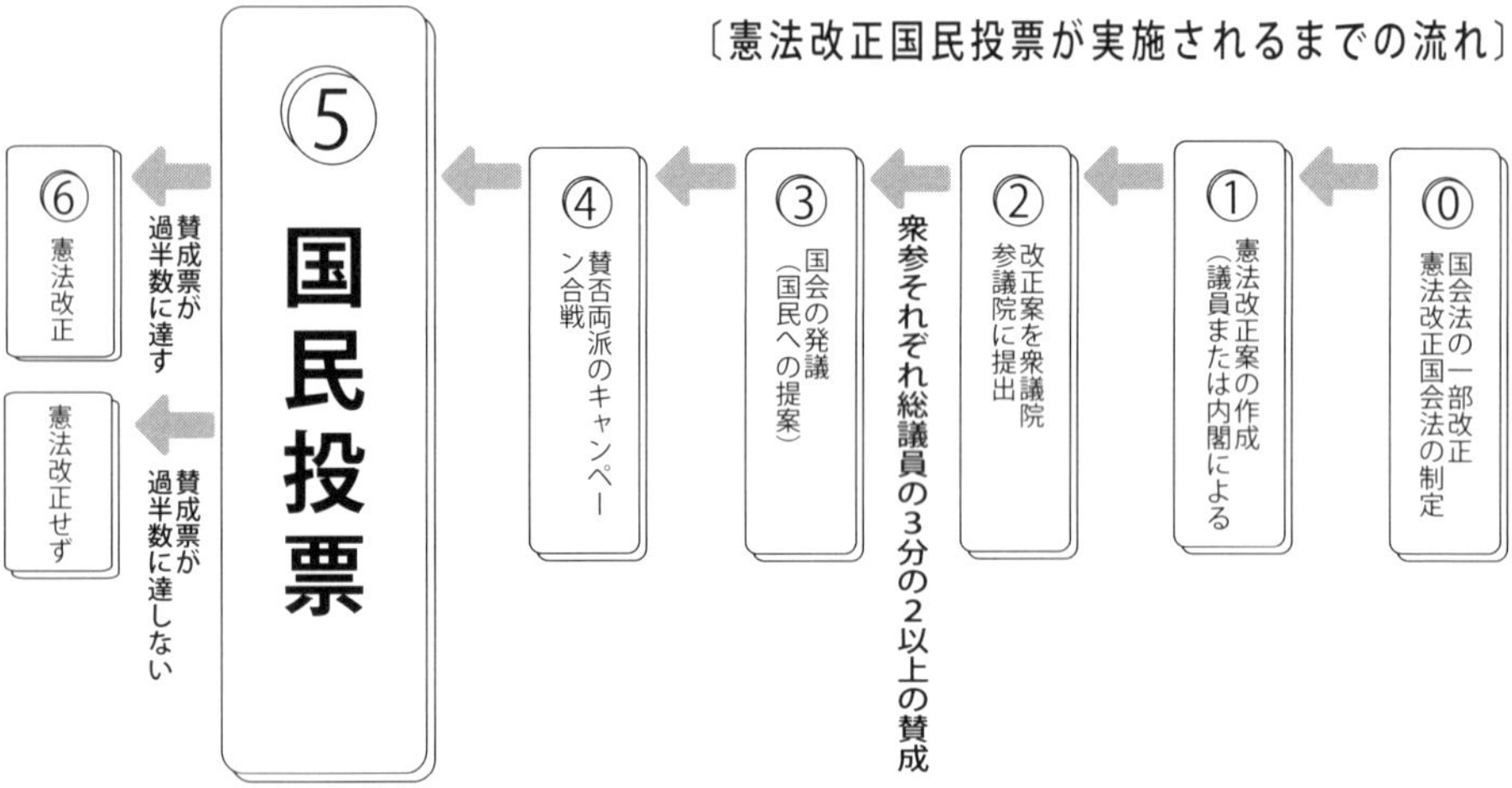

〔憲法第96条と憲法改正手続を整備するための立法措置〕

日本国憲法第96条	改正手続き	立法措置
第1項 この憲法の改正は、各議院の総議員の三分の二以上の賛成で、国会がこれを発議し、国民に提案してその承認を経なければならない。 この承認には、特別の国民投票又は国会の定める選挙の際行はれる投票において、その過半数の賛成を必要とする。	1．国会の発議 ①原案の提出 ②審議 ③議決＝国民に対する提案 ↓ 2．国民投票による承認	国会法の一部改正 憲法改正国民投票法の制定
第2項 憲法改正について前項の承認を経たときは、天皇は国民の名で、この憲法と一体を成すものとして、直ちにこれを公布する。	↓ 3．天皇の公布	

ナウンスするかも極めて不十分になると思います。そうであるならば、より真実に近い、国民の選択というところが一番なのだから、期間は長く置くべし。

【枝野】　私は逆に発議から投票の期間があまり長すぎてもどうかと……。その期間、おそらくほかの国政のテーマは全部飛ぶと思うんです。あらゆる政党が国会を放り出して運動するでしょう。そうすると、あんまり長すぎるのはリアリティがあるのかなと思います。むしろ大事なのは、私が最初から一貫して言っているとおり、国民投票法を作るのではなくて、憲法改正手続法を作らなければいけない。国会での議論のプロセスのやり方もセットで決めないといけない。さきほど一般的に改正案の作成から投票までは六カ月ぐらいだろうと言いましたが、そんなもの、今は全然保障がないわけです。三分の二ですから、今もし改正が発議できるとすれば、こちらの三党が一致している場合でしょう。こちらの三党が一致している場合の法律案の国会審議は、通常、半日ぐらいとか、それぐらいの審議で可決されます。

　ただ、憲法改正の発議についてだけは、三分の一未満である少数政党でも相当な質疑時間を確保することがまず前提になっていないといけないのではないか。そういうことがきちっと発議までの間の国会議論で時間をかけて、反対意見の声も明らかにされたうえで、さあ、発議が実際になされました。そこから先は、まあ三〇日から九〇日というのは一定の合理性はあるのかな。これは私見でして、党内でもまだ詰めていませんが。

　ただ、ここでもう一点、気をつけなければならないのは、三〇日から九〇日の中のどれを選ぶのかというのが、総務省の中で勝手に決められては困るわけです。たぶん今の政府、与党案の考え方だとそうなりかねませんから、そのこと自身を発議の時にセットでやることが不可欠だと思います。

【保岡】　発議の時にその期間は決めるということになろうと思います。その内容いかんで決めるので。あくまでも国会の発議権者の、国会で、できたら両院できちっと相談して、同じようなスタンスで臨《のぞ》むということになります。

複数のテーマ、項目について「改正」の賛否を問う場合、「一括投票」で行なうべきですか？ それとも「個別投票」により有権者の意思を確認する方式を採るべきですか？

⑥

【今井】　次のテーマに移ります。東京新聞の社説（次頁参照）が皆さんのお手元にあると思います。それから静岡新聞の大きな記事もお手元にあると思います。東京新聞も静岡新聞も最大の問題点は投票方式だというふうに論じています。

憲法九条を単独で国民投票にかけるのか。あるいは、例えば環境権も新しい憲法の中に盛り込むとか、プライバシーの問題も盛り込むとか、そういう複数のテーマについて一緒にやるのか。一緒にやる時は、それぞれ個別に聞くのではなくて、三つ一緒に問うて、○をつけるところは一つ、×をつけるところが一つという一括投票方式にするのか、個別投票方式にするのか。一番いいのは、「九条単独」でやれば一括も分離もなくて、一つだけなのだから問題ないけれど、複数のテーマを持ち出した時に一括にするのか、個別投票にするのか。このことが最大の問題だというふうにメディアも論じています。保岡さん、いかがですか？

【保岡】　それも、与党案で話し合った経緯もあるから、それをちょっと言ってごらんという御指名だと思います。与党案では発議する時に発議をする皆さん、政党、国会で相談して決めたらどうだろう。逐条《ちくじょう》項目別に賛否を問う、複数の投票をお願いするというケースもあるだろう。あるいは、どうしても一体として判断していただく必要があるものについては関連してそれを一つの投票行為に求める。

発議者の憲法改正の考え方、意思があって初めて投票方式も決まるものだから、それは国民投票で発議案を国民の判断を求める際に、国民投票実施法みたいな法律を発議と同時に国会がきちっと決めて国民に示して、そのルールに沿って行なうのがいいのではないかというような結論にとりあえずしてあります。

【今井】　保岡さん、国会法改正の段階で決めるのではなくて、発議の段階でそのルールを決めようということですか？

【保岡】　あらかじめ内容も決まっていないのに、問う方法を逐条にするとか、いろいろ具体的に書いても、それは現実的でないと思うからです。

【今井】　枝野さん、このへんはどうですか？

【枝野】　今の保岡さんの話に半分同感です。いちおう理論的には全文書き換えということもありうるのかなと。憲法論としてそれは限界を超えているという話があるかもしれないけれど、それを言ったら今の憲法だって明治憲法の改正限界を超えて改正手続をやったわけなので、理論的にはありうるかなと思っています。理論的にありうる以上、全文書き換えだったら一括で可否を問うということしかありえなくなりますから、それを初め

2005年3月12日付
東京新聞社説
「国民投票法案　論議を尽くしてからに」

憲法改正にかかわる重要な法律を拙速で制定しようとするのは、既成事実を積み重ね改憲ムードを盛り上げるのが狙いではないのか。政治家の動きは急だが、国民の間の議論が足りない。改憲は衆参各議院で総議員の三分の二以上の賛成により国会が発議、国民投票で過半数が賛成すれば成立する。

政府与党は昨年暮れ、改憲に備え実務者会議で国民投票法案の骨子を固めた。今月中にも自公民の協議機関を設置し、六月までに法案を完成する方針だ。法律制定は改憲への大きな一歩となるが、投票に関する制度設計は改憲案の内容とも関係する事項だ。世論調査では改憲容認論が多数でも、国民の関心分野は環境、福祉、個人の尊厳などばらばらで、まとまった意見があるわけではない。

そうした中、投票の帰趨（きすう）を決めかねない法律を政治が主導して急いで制定すべきではない。広範な国民による慎重な議論を尽くすべきである。骨子の内容にも疑問が多い。ここではとりあえず二点だけに絞って考えたい。

まず第一は、改憲条項が複数ある場合に、個別の条項ごとに賛否を問うのか、一括して投票するのか明確にしていない点である。現在の論議からは改憲発議が一カ所だけとは考えられない。ほとんどの国民は賛成個所と反対個所があることになるだろう。ポイントごとに賛否を表明する投票にすべきだ。国の最高法規である憲法を変えるか否かは、主権者たる国民の意思を十分かつ正確に反映できなければならない。白紙委任のような一括投票で決めるわけにはゆかない。

法案骨子の問題の二点目は規制が多すぎることである。公務員、教育者の投票運動制限、結果を予想する投票およびその結果の禁止、マスコミ報道の規制、マスコミ利用の制限など、賛否の運動や宣伝を制約する条項が羅列されている。これらは公職選挙法を踏襲したものだが、複数の候補者のうちから特定人物を選択する選挙と憲法改正の国民投票は根本的に異なる。

各人の哲学、理念を基礎に世界と日本の過去、現在、未来を見据えて決めるべき国民投票では、あらゆる事態を想定した活発な議論、表現行為で豊富な判断材料が提供されなければならない。そのために、運動、報道はできる限り自由とし、制限事項があるとしても、公選法とはまったく別の角度から検討すべきである。国民投票法は単なる手続き法ではない。憲法改正案に劣らないほど重要な意味を持つ。国民がじっくり議論できる時間と場が必要だ。

から否定してしまうのはなかなか難しいだろうなと思います。

ただ、有権者、国民の側からすれば、可分であるならば、分けることが可能なものはできるだけ分けて聞いてくれというのが国民の意思だと思いますので、できれば基本的な国民投票法、憲法改正手続法そのものに、可分の部分は可能なかぎり分けて投票してもらうという規定は置いておいたほうがいいのではないかと思っています。

【今井】 日弁連（日本弁護士連合会）のほうも声明の中で一括と分離について言及しています。きょう、日弁連に所属されている折《おり》田《た》泰《やす》宏《ひろ》弁護士が来られていますが、折田さんのアイデアは、いま保岡さんがおっしゃったように発議の時に法律としてその都度決めるのではなくて、これから皆さんが審議される改正国会法の中に、発議の要件の中にそれを盛り込めばいいのではないか。一括して発議だったら一括して投票。個別で発議だったら個別で投票。だから、異なるテーマについては、必ず個別で発議しなければいけないということを改正国会法の中に盛り込めばいい。これが、折田さんの意見ではないかと思います。御本人が来られているので、伺ってみましょう。

【折田】 日弁連を代表して発言するわけではないのですが、日弁連からそういう意見書を提出しています。最初に皆さんがおっしゃったように、国民の唯一の直接関与しうる機会ですので、国民の声がいかに正確に反映するかというのが重要なことだと思います。そうすると、一括で出てきた場合、これには賛成だけど、これには反対だという人が投票できないということも出てくる。私どもが心配しているのは、改正を、例えば九条改正を考えるのでも、ほかのテーマ・項目をいくつか付けて国民の投票数を増やしていこうといった少し作為的な目的でやられるとかなわないなということです。実際、そういう発言も聞いているものですから、発議する段階で実施方法を決めるというのでは極めて心配です。

【今井】 信用できないということですね。

【折田】 基本的に実施方法も過半数で決まるわけですので、その段階でそういうかた

折田泰宏さん

ちで決められることをいかに防ぐかという意味合いにおいて、今の国会法の改正、あるいは国民投票法のほうでもいいと思いますが、どちらかにそういう原則的なことをきちっと決めておく。たぶん内容的には当たり前の話だと思います。当たり前であるということであれば、当然いまの段階で決めておいたほうが、これから素直に前に進むのではないかと思っています。

【保岡】　そういう懸念《けねん》が流布《るふ》されていると、そういうふうにお考えになるのはそうだろうなと、お気持はよくわかります。法律というのは体系があって、その体系の中に論理性が必要です。だから、解釈に説得力があり、みんながそれに従って正しい解釈が行なわれる。論理的に関連する事項、改正事項をバラバラにして聞いたのでは、正しい判断を求めるゆえんでないと、その結果、整合性のない、論理的でない憲法ができあがってしまうということになってはいけない。だから、枝野先生が言われたように、何らかのきちっとしたルールみたいなものを決めておくのも一つの考えかなという気もします。

これは知恵を出して、よく相談してみて、御懸念のないようなことがあらかじめ決められるのか。そして、発議者の論理的なものの考え方から来る整合性を尊重しながら投票を求めることも、大切にしなければならないことの一つかと思います。

【今井】　阿部さん、どうですか。

【阿部】　いま日本の国の中で、特にこれは国政にかかわるレベルの直接投票の話をしていますが、ほかの部分でも直接投票というのはすごく道が遠かったし、いまでもそんなに増えているわけではないわけです。で、その実態を見ると、今の住民投票の、直接投票の扱われ方を見ても、何度も言いますが、悪いけれど、とても信頼できない。

そこまでも先んじないでください。はっきり言って、今の与党の先走りですよ。だから、国民にしても、何が、どこまで、どう決められてしまうんだろうということが、国民主権でありながらどこかにかっさらわれてしまうという疑念を払拭《ふっしょく》できないと思います。

【今井】　その疑問と懸念について、折田さんや日弁連の方々の頭の中にあるのは、間違いなく憲法九条ですよね。

【折田】　そうです。ただ、改正となってくると、たぶん国民の中にもほかの条項の改正意見もいっぱい出てくると思います。いま環境権とか知る権利が出ていますが、それ以外にも、もしいじるんだったらここもという話が出てくるだろう。ただ、セットという話が絶えずつきまとうと、その議論が自由にできにくくなってくるという懸念もあります。

【枝野】 先ほどの話のとおり、できるだけ分ける。九条がテーマになる時は、九条とそれ以外の例えば人権とか統治の部分は、一括全文書き換え以外は、同時に記述するにしても別々に投票できるようにするということは前提だろうと思います。

逆にもう一つ、これはむしろ向こう側に立って言うような話ですが、ぼくは一括して投票するとたぶん否決される確率が高まると思います。メディアもそうだし、国民の感情としてもそうだと思いますが、議論を始めていくと問題点が報道されていきます。いいところではなくて、ここは問題だ、あそこは問題だと、その問題点こそいちばん伝わりやすい。

そうすると、九条についてはこの改正、いいなと思っていても、こんな人権、入るんだったら反対だとか、もちろん逆は当然たくさんありそうですが、それぞれの反対意見が積み重なって投票の時に一括だと×が多くなる可能性のほうが高いと思います。

国民投票にかける以上、賛成してもらうようなかけ方をするべきだと思いますから、できるだけ分けることのほうが民意に忠実に、なおかつ必要な改正が行なわれるということにつながると思うので、そういう観点からも分けられるところは分けるべきだと思っています。

【魚住】 公明党の場合、加憲という立場でずっと言ってきていますが、基本的に頭の中にあるのは個別的にという発想です。場合によっては、もちろんかえってまとめたほうがわかりやすいという部分もあると思いますが、基本的には個別的にやるべきだと考えています。具体的には先ほど保岡さんがおっしゃったような実施法というような中で出てくるのではないかと思っています。

先ほどの折田弁護士の懸念はまさにそのとおりでして、セット販売みたいなものは独禁法違反になるわけで(笑)、やはり分けていかないと国民にもわかりづらいですよね。国民理解を進めるという意味でも、できるだけわかりやすいというためにも個別的にやっていく必要があるだろうと思います。

【今井】　長い日本の歴史が始まって以来、最初の国民投票ですし、国民のみんなもまだ慣れていません。それに憲法九条が最大の問題だということはみな承知しているし、一回目の国民投票は九条単独で九条に限ってやるというのはどうですか、中山さん。

【中山】　私は公平を原則とする立場ですから（笑）。

【今井】　討論会の主催者の一人で、東京都国立市長の上原《うえはら》公子《ひろこ》さんから手が挙がりました。

【上原】　皆さん、きょうは本当によくぞおいでいただきまして、ありがとうございます。まず感謝したいと思います。感謝しながら、こうやってお話を伺っていますと、まさに国民主権にかかわる重大な問題だからとか、できるだけ国民の権利を行使できるようにと言っていただいたので、半分ほっとしながら「でも待てよ」とずっと思い続けています。

上原公子さん

　国民投票というのは、権利行使だけではなくて、国民が責任を負わなければいけない。国会の論議だけではなくて、国民自身がどう責任をとれるかというものにしなければいけないと思います。その前段としてまず、一括投票か個別投票かということが一番重要だと思っています。その中で、先ほど折田弁護士からもありましたが、発案者側が有利に事を運ぼうとした時にどういう方法がいいだろうか。先ほど発案側からの意思がとおっしゃいましたので、なぜ国会改正法の中にこれが入らないのか。外されるのかということにまず疑念を持ってしまったのです。

　発議の時に別の法律を作ると言われても、現実的に考えますとおそらく発議をする時には憲法改正の中身の論議で終始してしまって、手続のことはもうすっ飛んでしまうだろうと思うんです。ですから、いちばん大事なルールの話を私たちは議論しないままに、国会で決められてしまうのではないかと、疑り深いものですから、ちょっと気にしています。

　なぜこれが別個の法律にしようということになったのか。先ほど発案者の意図とおっしゃいましたが、本当は国会法の中で関連するものは一括でいいと入れておけばいい話ですから、そのことをしないであえて抜いたということがまだよくわからないので、そのあたりをお聞きしたいと思います。

【今井】 保岡さん、どうですか?

【保岡】 上原さんのおっしゃるとおりの考え方もあると思うし、先ほど枝野先生がおっしゃったのもそういう御懸念に対して、個別が原則であって、あと全体の投票を一括して、例えば新憲法みたいなものを求める場合も含めて、理論的には幅広く持たなければいけないが、原則としては個別だろう。じゃ、個別でない場合はどういう場合なんだということをきちっと整理できればいいかな。そうであれば、あらかじめ原則を今度の手続法の中に入れることはありうるというか、そうあったほうがいいかもしれない。いやいや、いいかもではなくて、まだ議論してないから遠慮して言っただけで、私自身はなるほどなと思って感心して伺っていたところです。

【上原】 そこでまた私はもっと疑り深くて(笑)、今の新憲法という話ですが、結局、全面改正なんだから一括でいいんだという話を出す準備がそろそろ起こっているのかな。全面改正だという話をチラッと聞くんです。今の状況の中でいかに多くの条項を改正しようと、これは新憲法を作るのではないわけですから、それはありえない。だけど、どうもチラチラと聞く話は、とても心配の種です。ですから、本当はここの場で一括投票はありえませんと言っていただくと一番ありがたいのですが。(拍手)

【枝野】 たぶん自民党さんのほうは言いにくい、私のほうが言いやすいかなと思うんです。全面改正は、書き換えは、政治的にありえないと思います。

わが党も自民党もそれぞれ、自民党らしい全面書き換えとか、民主党らしい全面書き換えを主張している人もいます。それはそれで一つ必要な、党としての姿勢を示すうえでそのこと自体は否定しませんが、当面予想される近未来において、公明党さんを含めて少なくとも三党が一致しなければ三分の二にならない。三党が一致する可能性があるとすれば、政治論としてそれは全面書き換えではありえないと思います。

ただ、党内に全面書き換え論を主張している、私から言わせると改憲的護憲論者、つまり全部書き換えるんだという理想論だけ言い続けて、本当は変わらないほうがいいと思っている人たちを抱えていますから。だけど、リアルに変えていこうと思ったら、三党で一致するだなんて、全面書き換えなんて考えられない。

三党で議論していたとしても三〇年ぐらいかかるかもしれないから、それはもう政治的にありえないと私は思いますので、御心配には及ばないのではないかと思います。

【魚住】先ほども申し上げましたように公明党は「加憲」ですから、ただちに全面改正に結びついていません。それから、与党の合意案を見ますと、国民投票法案とその審議をするための国会法の改正まであって、国会がどういう審議をやって、どんな発議をするかまで実は及んでいないのです。まだその程度だというような状況です。たぶん保岡先生はもっと早くと思っておられるかもしれませんが、考えているのは、まず現行の憲法調査会を生かしながら国民投票法案を審議する。そこまでの法律案なのです。

【今井】確認したいのですが、枝野さんは、憲法の全面改正なら当然一括投票となるが、全面改正は政治的にありえないという御判断。ということは、逐条ごとの改正になったら、当然個別投票でやるべしというお考えですよね。

【枝野】そうです。

【今井】魚住さんもそういうお考えでいいですか？

【魚住】はい。

【今井】中山さんもそうですよね？

【中山】（笑）

【今井】中山さんもそうでしょう？　全面改正ならともかく、逐条ごとの改正だったら、基本的には、原則的には個別で投票すべきだとお考えなんですよね。

【中山】そうです。

【今井】となると、あと保岡さん一人なんですが、保岡さんはどうですか？

【保岡】正直に言って、私たちの党はこういう憲法がいいと、党としての理念や考え方からまとめる立場もあります。だけど、現実にはさっき両先生からお話がありましたように、三党で話し合って決めるわけですから、自ずから、そういうところから現実の政治状況の展開を御賢察賜ればと思います。

【今井】わかりました。推察させていただきます。

【中山】議論が大事な部分に入っています。私は公正中立に憲法調査会を運営していますが、先日の調査会で枝野委員から発言がありました。憲法という国民のいちばん大事なものを選挙の争点にしては好ましくない。むしろ民主党、公明党、自民党の三党で協議し、協力しなければ三分の二はないわけですから、三分の二が賛成できるようなグループで議論していくことが国民のために好ましい。そうしないと、選挙の争点にしたら、選挙に勝ったほうの考え方に負けたほうの政党はつかない。そこでまた分裂が起こる。私から言わせれば、こういうふうな歴史的な発言をされたわけです。

それに対して保岡先生がそれをちゃんと受け取められた。ここで一つ、頭の交通整理ができあがったわけです。憲法を改正する場合には与野党で力を合わせて、国民のためになる憲法案を国民投票にかけよう。そうしなかったら永久に憲法は変わっていかないというお話でしたので、私は責任を持ってこの場で御紹介を申し上げておきます。

【阿部】 いつでも三党というとはずされてしまう(笑)。憲法って少数者、マイノリティをはずしてはいけないという法律なんです。政争の具にしないということと同時に、民主主義的なものであるということが大事です。今の国会は民主主義なんかないんだから、怒りたい。これがなぜいけないのか。少数者の意見が消されていくプロセスだから、いけないんであって、中山先生の不偏不党は信じていますが、なお、なお、なお、少数者の意見をどうやって保障するんだということをきっちりしてほしい。

【今井】 阿部さんの旧友から関連質問があるそうです。いま手が挙がりましたので。辻元清美さん、どうぞ。

【辻元】 皆さん、お久しぶりです。中山会長とは、私も憲法調査会のメンバーで一緒にヨーロッパにも視察に行きました。いま発議の段階で、私も社民党という少数政党にいましたので、国会では悲哀を味わうわけです。厚かましかったとも言われていますけれど(笑)。二つ質問したいのです。まず党議拘束との関係です。いま発議に向けての案というものを各政党別にまとめていますね。その時に各政党の中に意見が、特に自民党、民主党の中には対立した意見があるけれど、一本にまとめてくるということですが、最終的に国会の中では衆参各議院での総議員の三分の二という時の投票の時に、党議拘束との関係はどのようにお考えな

辻元清美さん

のか。

なぜかと言いますと、私は中山さんを尊敬しています（笑）。というのは、中山さんたちが臓器移植の法案を出した折に、党議拘束を外して二法案を出して、各議員が政党入り乱れて大激論を打ったんです。本会議であれほど活発な議論が交わされたものはなかったと思います。保岡さんと枝野さん、そのへんはどのようにお考えなのか。議員個人の意思と政党との関係です。これは普通の法案とは違いますので。

それと賛成、反対について、政党でいけば民主、公明、自民が賛成すればドーンと行ってしまうわけです。そうすると、先ほどから出ている少数者に、反対という意見に対する時間の保障ですね。国会の中では三分とか五分しかもらえないわけです。それで公平な、国民がその発議に対するジャッジメントを下せるのかといったら、私はそこは矛盾があるのではないかと思います。政党政治と発議、それから国民への正当な判断を仰ぐ方法について、いかがお考えかを聞きたいのです。

【今井】　保岡さんと枝野さん、お願いします。

【保岡】　中山太郎先生とはこの五年間、私が閣僚になって抜けた五カ月を除いて、あとは全部御一緒しています。非常に公正な運営をされていまして、私たちも一〇分、社民党も一〇分というふうに意見表明をきちっとしたうえで、今度は各議員が、これは一人ひとりが権利を持っていますから、一人ひとりが五分ずつ。だれも発言がなくなったら、これで終わり。続く以上は二度でも三度でも発言を許すという運営をされてきました。オブザーバーという、幹事の立場でなくても御意見は同じ場で伺っています。

そういうことを前提に党議拘束の問題について、これは国家の基本中の基本であって、政党の政党たるゆえんのいちばんの根幹ですから、党議拘束は当然かかるテーマである。臓器移植法案のように個人の思想、信条で、あるいは信ずるところでちょっと違った考え方を多様に認めていっていいという法案とは性格が違うものだと思います。

【枝野】　一点だけ異論があります。私は憲法が政党が政党たるゆえんという話はちょっと違うと思っています。朝日新聞のオピニオン欄に私の意見を斟酌《しんしゃく》して書いてもらった記事が前に出ましたが、憲法というのはわれわれ政党が相撲をとる土俵を作っている。公権力行使の限界、あるいは公権力行使の権限の源を規定しているのが憲法であって、その中で各政党がそれぞれの主張する政策を実現する。与野党で相撲をとる。その土俵作りであると思っていますので、そこは保岡先生とは立場が違います。

党議拘束という観点からすると、辻元さんもおわかりでおっしゃっているんだと思いますが、党議拘束をかけようが、かけたからといって党議拘束に反する人はたくさん出てくるわけです。私も最近はあまり言わないけれど、一回生のころはさんざん党議拘束に反することをやってきました。最後は個々の政治家の腹のくくり方であって、憲法のことがものすごく大事であってそれが譲れないと思ったら、党議拘束がかかったら離党届を出して違う投票行動をすればいいだけの話です。それぐらいの根性のないやつは自分の意思を通そうなんて思わないでくれ。僕はそういう世界だと思っていますから、党議拘束をかけるか、かけないかというのは本質的な問題ではないと思っています。

少数意見、今の時点では社民党さんや共産党さんの発言の機会や発言の時間を十分確保するということは、先ほどもチラッと言いましたが、国民投票法、どういう発案の仕方をするかにもよりますが、相当な配慮をしないといけないだろうと思います。今のままでもし憲法改正の発議まで行くとすれば、社共だけしかそれに対して反対の立場からの質疑をする議員がいないわけですから、普通の法案と同じルールでやったら、問題点、論点が国民に見えないわけです。相当な時間配慮をするということが前提でないと、逆にいうとわれわれの立場としては発議自体に乗れなくなりますねということになります。

先ほど私を誉めていただいたお返しではないけれど、中山会長のこの間の憲法調査会の運営について土井たか子さんがオフィシャルな場で、公平に少数会派に配慮した運営をしてきてもらいましたということをおっしゃっておられるように、そこのところは中山会長を信頼していいのではないかと思っています。ですから、憲法改正の発議ができるまで国会の憲法の中心には中山先生に座っていただこうと民主党としては思っています。

【今井】 中山さん、皆さんからの評価が随分と高いですね。

【中山】 私もそう思います。(笑)

改憲賛成票が多数を制したらどうなり、改憲反対票が多数を制したらどうなりますか？　それを事前に示し、実行を約束する「国民投票マニフェスト」の必要性について（「９条」を例に）。

⑦

【今井】　次のテーマに移ります。これまた大切な問題ですが、憲法改正案が作成されて、発議がなされるとしたら、当然、自民と民主が一緒になって発議をしなくてはいけない。あるいは、そこにまた公明党も加わるかもしれない。衆参各院で三分の二が必要なわけですよね。

話をわかりやすくするために憲法九条で申し上げますと、自衛隊を自衛軍にする。認められてない交戦権については、自衛のための戦争に限ってＯＫにする。このような改正案が自民と民主、あるいは自公民で発議された場合、それについて賛成か反対かを国民が判断することは、これは難しいのではないかという意見があります。これは、先ほども御発言いただいた立教大学の山口義行教授のお考えです。

九条が改正されて自衛隊が自衛軍になったら、それまでとどう変わるんだ。その自衛軍はどんな戦争だったら行くのか。自衛のための戦争はいいけれど侵略はだめだというふうに九条に明記したとしても、イラク戦争は自衛のための戦争なのか侵略戦争なのか。逆に、九条護憲派が勝てば現状のままなのか。つまり、自衛隊がイラクにも行ける状態で、現状のままなのか。それとも、自衛隊は一九五〇年代の警察予備隊とか保安隊の状態に戻るのか。あるいは、軍隊としての装備・性質をまったく捨てて災害救助隊に特化されていくのか。そのようなことを、政府や国会が投票日前にはっきり示さなければならない。そういうことを九条改正案とは別にマニフェストのようなかたちで具体的に示さないと、国民は賛成か反対か投票できないということです。一番良くないのは、九条の問題で国民投票をかけておいて、どっちが勝っても、投票後に解釈改憲がまた進むことです。そうさせないためには、国民への事前の約束が必要――山口さんからそういう提起があるわけですが、保岡さんいかがでしょう。

【保岡】　マニフェストということですが、これはもちろんその前提として、山口さんや今井さんが言われるような、あとで新たな解釈改憲が起こらないように、今の憲法のように同じ憲法なのに正反対の解釈をしなければならない。あるいは、明文にないことを堂々と解釈、論理で構築していかなければいけない。こういう憲法は避けようということです。

今度の改正の際には解釈の疑義が起こらないように、もちろん法律ですから、すべての場合をきめ細かく規定してしまうことは無理だし、基本法だとなおさらある程度の幅がなければならないのは当然のことですが、それにしても趣旨、根本というところがまったく正反対になるような解釈が生まれるような規定の仕方はやめよう。私たちはそれを憲法改正論議の基本に据えています。

もう一つ、この憲法を改正したら、どういう場合にはどういう適用になるのかということについて、例えば九条の場合だと、自衛ということはみんな、どの政党もほぼ認めました。自衛隊の存在も認めました。違憲という政党はいなくなったと思います。

そういう中で、では、いったい自衛というのはどの範囲なのか。あるいは、どういう場合に行使するのか。自衛の中に集団的自衛権、個別的自衛権とあるけれど、そのルールはどうなのか。あるいは、国際貢献で平和の侵害やいろいろ混乱のあるところへ行って収めなければいけない。そのリスクを、危険をどう管理するのか。このようなことなどのルールをきちっとしておく。あるいは、そこでいったい日本はどういう役割を得意としてやっていくのか、あるいは、やってはいけないのか。ここまでは節度をもって臨もう。国柄として、日本国民としてこうだというものなど、そういうことはよく論議したうえ、それをできるだけ憲法に疑義のないように表現する。これが正しい憲法改正のプロセスだと思っています。

【今井】 これはスイスの国民投票の投票用紙です(次頁参照)。一番が高速道路の建設。二番目が賃借法修正の問題。三番目がいま日本でも問題になっている性犯罪者の処遇の問題。三番は国民発議で行なわれました。凶悪な性犯罪者でもう矯正の見込みのない人は一生、刑務所から出さないという提案が性犯罪の被害者の家族から出されました。

こういう小冊子が投票用紙と一緒に封筒に入れて送られてきますが、この小冊子をだれが作っているかというと官僚です。この中には賛否両論や、国民投票で選ばれたときの約束事が書いてあります。それを国民投票の最低三週間前に国民のところに届けています。

　こういうものを、例えば国会図書館の皆さんに作っていただいて、事前に全有権者に個別に送り届けるなんていうことをお考えいただくわけにいかないでしょうか。保岡さん、中山さん、どうでしょうか。

【中山】　それは必要だと思っています。スイスは各有権者に全部、事前に送り届けています。それだけ国民主権というものを大切にしているわけです。私共もそうするべきだと思っています。

【保岡】　もう一つ、細かい、例

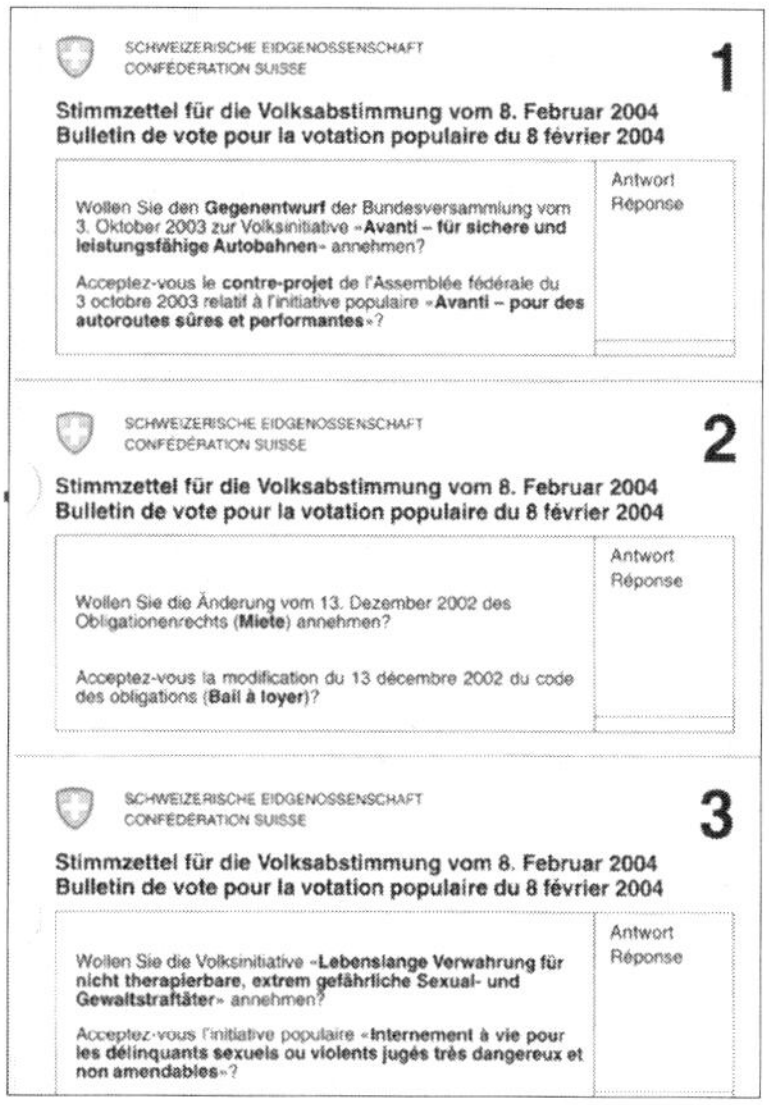
SCHWEIZERISCHE EIDGENOSSENSCHAFT
CONFÉDÉRATION SUISSE
1
Stimmzettel für die Volksabstimmung vom 8. Februar 2004
Bulletin de vote pour la votation populaire du 8 février 2004
Wollen Sie den **Gegenentwurf** der Bundesversammlung vom 3. Oktober 2003 zur Volksinitiative «**Avanti – für sichere und leistungsfähige Autobahnen**» annehmen?
Acceptez-vous le **contre-projet** de l'Assemblée fédérale du 3 octobre 2003 relatif à l'initiative populaire «**Avanti – pour des autoroutes sûres et performantes**»?
Antwort
Réponse

SCHWEIZERISCHE EIDGENOSSENSCHAFT
CONFÉDÉRATION SUISSE
2
Stimmzettel für die Volksabstimmung vom 8. Februar 2004
Bulletin de vote pour la votation populaire du 8 février 2004
Wollen Sie die Änderung vom 13. Dezember 2002 des Obligationenrechts (**Miete**) annehmen?
Acceptez-vous la modification du 13 décembre 2002 du code des obligations (**Bail à loyer**)?
Antwort
Réponse

SCHWEIZERISCHE EIDGENOSSENSCHAFT
CONFÉDÉRATION SUISSE
3
Stimmzettel für die Volksabstimmung vom 8. Februar 2004
Bulletin de vote pour la votation populaire du 8 février 2004
Wollen Sie die Volksinitiative «**Lebenslange Verwahrung für nicht therapierbare, extrem gefährliche Sexual- und Gewaltstraftäter**» annehmen?
Acceptez-vous l'initiative populaire «**Internement à vie pour les délinquants sexuels ou violents jugés très dangereux et non amendables**»?
Antwort
Réponse

（上）スイスの国民投票用紙

日本国憲法改正国民投票

○　注《ちゅう》意《い》

一　憲法改正《けんぽうかいせい》の提案《ていあん》に賛成《さんせい》の人《ひと》は、次《つぎ》の憲法改正案《けんぽうかいせいあん》の上《うえ》の欄《らん》に○の記号《きごう》を書《か》くこと。

二　憲法改正《けんぽうかいせい》の提案《ていあん》に反対《はんたい》の人《ひと》は、次《つぎ》の憲法改正案《けんぽうかいせいあん》の上《うえ》の欄《らん》に×の記号《きごう》を書《か》くこと。

三　○又《また》は×の記号《きごう》のほかは何《なに》も書《か》かないこと。

○又《また》は×の記号《きごう》を書《か》く欄《らん》

憲法改正案《けんぽうかいせいあん》（第九条）

第九条

　日本国民は、他国を侵略し征服することを目的とした戦争を永久に放棄し、正義と秩序を基調と知る国際平和を誠実に希求する。

　日本国民は、自らの平和と独立を守り、その安全を保つことを目的とした自衛のための軍隊を保持する。

　二、前項の軍隊の最高の指揮監督権は、内閣総理大臣に属する。

　三、国民は、第一項の軍隊に参加を強制されない。

都（道府県）（市）（町）（村）
選挙管理委員会　印

（左）憲法調査推進議連が作成した投票用紙案

憲法改正案の欄に記してある文言は、九条改憲派の新聞社や学者、政治家らが示しているさまざまな「九条改正案」を最大公約数的にまとめたもの。国会で発議される「九条改正案」はこうした文言になると思われる。

えばEU憲法などは四百何条でしたか、それをみんな国民に見てもらっても、専門家ですらなかなか難しいものを国民がそのまま条文を示されてもわかる場合が少ないだろう。だから、そういう時には国民に改正の趣旨、意義、本当の意味合いがわかりやすく説明される必要があるということも、EU憲法視察の中で御意見として出てきました。だから、そういう工夫も必要だということもあろうかと思います。

憲法の中山調査会の五年間の議論は非常にバラエティに富んでいますから、そういうものはもちろん参考にもなります。それから、それを基礎にまとめた、先ほど言われた資料も含めた中間報告とか議長報告とか、そういうものも参考になります。でも、それは分厚くて大変な資料ですから、これを公正にわかりやすくするという資料作りはいろいろな方々がいろいろな立場でされるだろうと思います。

【今井】　枝野さん、どうですか。

【枝野】　例えば解釈があとになってまたどんどん変わっていったりということがないようにというのは、むしろ審議の仕方にかかわる話なんだと思っています。まさに少数派の側の質疑時間をしっかりとったうえで、必ず統一見解を紙で出させるという制度にしなければいけないと思います。この解釈について、疑義がある問題点について、提案者側、つまり想定されるであろう三党で、統一見解としてはこういうふうに解釈します、立法者の意思としてはこうですということを文書で、審議の中できちっと固めていくことがあったうえで発議がなされるというプロセスをとると、将来にわたってこれは相当拘束力を持つと思います。そこがものすごく大事だろうと思います。

【今井】　その審議の中身がマニフェスト化していくということはありうるわけですか？

【枝野】　それをどこがどう作ってどう出すのか。反対派の意見と提案者側の意見と、中立公正に国会図書館にやれということを求めるのは、できると思うけれど、政治的にちょっと酷《こく》ではないか。ですから、発案者としてはこういう統一見解に基づいてこういうふうにやっていますということを国会の中できちっと出していく。それに対して反対側のほうからは反対論をこういうことでというので出していく。そうでないと難しいのかなと思います。

もう一つだけ、先ほどからの話で気をつけなければいけないのは、否決された時にどうなるかというところの話です。ここも気をつけなければいけないのは、どういう改正をするのかで、これも中身の話に入るから避けたほうがいいのかなと思いますが、単に自衛隊を何とか軍にしますという話で否決されると、ものすごくややこしいことになると私は思います。

つまり、自衛隊を自衛軍にすることを否決されたら、いままでのよりも後退しろというのが国民の意思ではないかということになりかねないわけですから、そこは相当留意しないと。法的にはともかくとして、少なくとも政治的にはそうなります。だから、そこは相当気をつけないと大混乱を起こすことになります。否決された時にどうなるのかというのは、反対側からも主張が出るでしょうが、提案者側からも否決された場合はこうですということをちゃんと審議の中で示して統一見解を作っておくということにせざるをえないのかなと思います。

【阿部】 国会図書館のホームページは確かによくできています。六〇年前のＧＨＱが、最初に政府が出そうとしていた憲法を変えて出した時のいろいろな、国民主権の考え方を書いてあるので、今井さんが紹介されましたが、皆さん、ぜひ国会図書館のホームページを覗いてみてほしい。六〇年前から問われている国民主権のありかたを問うのであれば、本当にきっちりした論議が必要だと思っています。

【魚住】 参議院の憲法調査会のメンバーは、きょうは私だけなので一言申し上げます。参議院もかなり公平、公正にやっています。特に社民党の先生は、田英夫さんは何回もしゃべっておられるということだけ御紹介しておきたいと思います。

マニフェストについてですが、イタリアの国民投票の情報機関へのアクセスに関する法律では、公共放送として国民投票の内容と賛成論、反対論をあわせて放送しろということになっています。こんなこともマニフェストを作る時には大事になってくると思います。

成立要件について。「50％ルール」の設定をどう考えますか？　改正成立に必要な賛成票は全有権者の過半数？　それとも投票総数の過半数？　有効投票の過半数？

⑧

【今井】　最後のところへ行きます。成立要件についてです。九条護憲派の方の多くは、憲法九六条に記されていること以外に別のハードルを設けなさいという主張をされています。一番極端なのは、全有権者の過半数が改正賛成と答えなかったら不成立としなさいという意見です。次は五〇％ルールを設けなさい。これはかつて住民投票で、徳島で問題になった五〇％ルールですが、有権者の五〇％の人が投票に行かなかったら、これも不成立、投票は成立していないというふうにしなさいというお考えです。

日本国憲法
第九章　改正

第九六条　この憲法の改正は、各議院の総議員の三分の二以上の賛成で、国会が、これを発議し、国民に提案してその承認を経なければならない。この承認には、特別の国民投票又は国会の定める選挙の際行はれる投票において、その過半数の賛成を必要とする。

二　憲法改正について前項の承認を経たときは、天皇は、国民の名で、この憲法と一体を成すものとして、直ちにこれを公布する。

これについてこれから御意見を伺っていきますが、皆さんにお考えいただきたいのは、これまで五〇％ルールを設けて住民投票をやった地域が数十ありますが、そのうちの数カ所で賛否どちらかによる投票ボイコット運動が展開されました。徳島もそうでした。ただ、徳島では水準の高い人が多かったものですから、負けるのを承知で投票所に行って投票率五〇％を達成させたというような経緯もありました。しかし、これは希有《けう》な例で、たいていはボイコットを仕掛けたほうが、土俵に上がらないほうが、不戦勝で勝ってしまうというかたちになっています。

現在、例えば来週、憲法九条国民投票をやるとしたら、改憲に賛成と答える人は二五％ぐらい、反対と答える人も二五％ぐらいでしょう。で、これから一年、二年と経っていったら、投票する人がそれぞれ［三五対三五］ぐらいまで上がるのではないかと思っています。そうなれば投票率は七〇％になります。これ、投票率としては優秀です。でも、もし五〇％ルールが適用されたらどうなると思いますか。

九条護憲派の方々は、まともに戦わずに、ボイコット運動を仕掛けて投票率の五〇％割れを果たせば確実に勝てるわけです。例えば自民や民主から提案された憲法九条改正案に対して国民投票ボイコット運動を仕掛けてこれを葬り去ったとする。でも、それで憲法九条を護ったからといって、これが日本の民主主義のためになるんだろうかと私は考えます。そういうことをしたら、かえって解釈改憲が進んでいくだけではないかと危惧しています。

そういう意味で私は五〇％ルールは設けないほうがいいのではないかと考えます。例えばロシアのように、有権者の過半数が投票所に行って、その投票者の過半数が賛成と答えないと憲法改正はできないと憲法に書いてあるならともかく、日本の場合は現行の憲法に書いてない状態ですから、まず国民を信用して、そういう新たなハードルは設けないでやったほうがいいのではないかというのが私の考えです。

それから日弁連のアンケート調査によると五〇％ルールなど新たなハードルを設けたほうがいいという考えの弁護士が多いみたいですが、先ほど発言された折田弁護士などは恣《し》意《い》的に運用されるのがよくない。ある問題については改正を進めたいから、投票率は四〇％でＯＫにしよう。この問題については改正されたくないから、投票率は七〇％なかったらいけないという具合に恣意的にハードルの上げ下げが行なわれる可能性があるから、それはよくないのではないかという意見です。こういうことを承知していただいたうえで、阿部さんから御意見を伺いたいと思います。

【阿部】　ボイコットも国民には選択肢の一つですし、私はやはり五〇％という線は置いたほうがいい。これは党の見解でもありますので、そのように思います。

【枝野】　私は政治論として、投票率が五〇％を下回るような発議はするべきではないと思いますが、法律論として五〇％ルールを作るというのは、今おっしゃったような弊害《へいがい》がありますから、作るべきではない。ただ、ボイコット運動をしても意味がない。つまり、法律の基準は作らないうえで、なおかつ五〇%を切った時には、仮に改正案が可決されたとしても、発議した三党は政治的な責任をちゃんと負うべきだろう。このような法律論ではなくて、政治論の中で対応するべきだろうと私は思っています。

【今井】　ちなみに、いま発売中の月刊誌『論座』(二〇〇五年四月号)で、枝野さん、すごいことを言っています。

「もしも国会の三分の二が国民に発議をしておきながら、国民投票で否決されたり、投票率が五割を切ったりしたら、発議に賛成した国会議員は総辞職すべきだし、賛成した政党は解党しなければならない。それぐらいの責任感を持ってやらなければ無責任だ。そのあたりをみんな甘く考えている」こういうことですね。

【枝野】　それぐらいの責任感と一応逃げは作っていますが(笑)。だけど、それぐらいの責任感を持たないと。自分たちで改正案を作っておいて、投票率が五割を切るようだったり、国会の三分の二で発議しておいて否決されたりしたら、相当な政治責任を負う覚悟でやってくれないと。思いつきみたいに憲法改正と叫んでいれば済むみたいな感覚の人が正直言って国会の中にも目立つので、おまえら、もっと真剣にやれよというメッセージを出したかったんです。

【今井】　枝野さんによると、勉強していない人ほど憲法を語りたがる。

【枝野】　すみません、ちゃんと説明しておかないと。真面目に憲法を考えてしゃべっている人も少なからずいます。しかし、ときどきいるのは、そこにも書きま

したが、教育がよくないじゃないかとか、政治家はあらゆるテーマについて有権者から聞かれますけれど、自分の得意でないテーマもたくさんあります。得意でないテーマを聞かれた時にいちばん簡単なのは、教育が悪いから教育をよくするみたいなことで憲法にちゃんと書きましょうと答えたら、答えたような気になるわけです。答えてもらったような気になるわけです。

環境を何とかよくしないといけませんねと言われた時に、具体的に環境をよくする政策を持っていない人は、憲法に環境権を書き込みましょうと言ったら、何となく答えているような気になるんです。このごまかしをやっている政治家はものすごく多いし、これにだまされている有権者もものすごく多いと思うので、一般的に言って憲法、憲法とばか騒ぎをしている人には勉強していない人が多い。一般論として本当にそう思います。

【今井】　ここで拍手が出るんじゃないですか。（拍手）魚住さん、この問題についてお願いします。

【魚住】　私も法律論として五〇％ルールは設けるべきではないと思います。ただ、最高裁の国民審査の投票の成立要件が有権者の一〇〇分の一です。あれはだいたい総選挙とか通常選挙と一緒にやっているから、そんな低くなる例はないわけですが、とりあえず国民審査でさえ一％という成立要件を作っているわけですから、まったくなしでいいのかというと、これもまた難しい話になってくるなという気がします。

【保岡】　私も皆さんと考え方がそう違うとは思えないんです。われわれ与党協議をした時も、とりあえず有効投票の過半数というふうに考えています。もし五〇％ルールとかを決めるのだったら、こんな大事なところは憲法事項ではないか。だけど、憲法にはそこまで書いてない。国民の過半数で決めるとだけ書いてあって、有効投票か、有権者の半数か、投票総数の半数かまでは書いてない。そこはわれわれは有効投票の半数というふうに考えて立法しようという考え方でいますが、これはまたよく相談しなければいけないと思っています。確かに五〇％ルールみたいなものは決定的に憲法事項ではないだろうかと私は思います。

【今井】　中山会長、どうですか。

【中山】　民主主義をよくわかっている国民ですから、私はその点、国民を信じてやったらいいと思います。

【今井】　含蓄のあるお言葉をちょうだいしました。最後に、上原さんに主催者あいさつをお願いします。

【上原】　きょうはどうもありがとうございました。有意義な討論になったかと思います。私たちがきょうお話を伺って、微妙な違いとか、これからまだやらなければいけないことがたくさんあるなということがわかっただけでも本当によかったと思います。

私たちがこういう討論会を催したのは、皆無とは申しませんが、マスコミも国民投票についてなかなか紹介してくれない。記事にしないので見えない。だから、主権者である私たちが国民主権者の問題として問題提起をすべきだろうということで、こういう討論会をあえて持たせていただきました。

先ほど中山さんが国民投票法案の国会提出が先に延びそうだとおっしゃったのでホッとしたのですが、きょう、配布された資料を見ますと、六月にも自・公・民で法案を決めてしまうみたいな報道があります。ここでもう一度、国会議員の皆様方にお願いしたいのは、まさに国民主権の一番根幹にかかわる初めての経験をするわけですから、国会議員だけの論議に収めないでいただきたい。きょうの討論でいろいろな問題があることがわかったわけですから、国民自身に聞いていただきたい。ルールについて、どういうものが主権ということを発揮できるルールなのか、どういうルールがいいのか。そういうことをきちんと議論していただいて発議ということになれば、それが行なわれるようにすべきだろうと思います。

阿部さんにもお願いします。私も自称バリバリ九条護憲派ですが、主権者の権利を奪ってはいけないと思います。憲法改正の是非を問う国民投票は、私たちに唯一与えられた直接的な主権行使の権利なわけですから、避けるのではなくて、積極的に議論をしていくことによって憲法論議が深まると思いますので、各党、国民投票法とはいったいどういうことなのかということを投げかけていただけないか。このことを最後にお願いしたいと思います。

【今井】　パネリストの方々にもう一度拍手を。（拍手）

きょうはどうもありがとうございました。

第3章
国民(主権者)による国家意思の決定を否定してはならない

自衛隊を正規の軍隊とし、自衛戦争および集団的自衛権の行使を可とすべし——そう主張する九条改憲派は、「北朝鮮による拉致《らち》」や「頻発《ひんぱつ》するテロ」を追い風に、国会の内外において急速に勢力を拡大しています。

改憲派は、老練なボクサーのよう。「解釈改憲」という変則的なジャブを盛んに出して相手を弱らせながら、「明文改憲」という決定的なパンチを放つチャンスを冷静に窺《うかが》っています。つまり彼らは、法解釈の変更による実質的な九条改憲を進める一方で、国民投票法の制定など、正規の手続に則って行なう九条改憲への準備も着々と整えているのです。

かつてない力を得て「九条」に攻め込む改憲派。追い込まれた九条護憲派はロープを背に今何を考えているのか、反撃する術を見いだしているのでしょうか。

◇◇◇◇◇

まずは【図1】を見ていただきたい。これは、憲法改正(明文改憲)の手続・流れを図式化したものです。読者の多くは、示されなくとも知っていると言われるでしょうが、二〇〇三年夏、東京・大阪において私たちが行なった調査では、この改正手続について「知っている」と答えた有権者は三割に達したものの、正確に理解している有権者は全体の一割にも満たなかったのです。【図2を参照のこと】

図１　憲法改正国民投票が実施されるまでの流れ

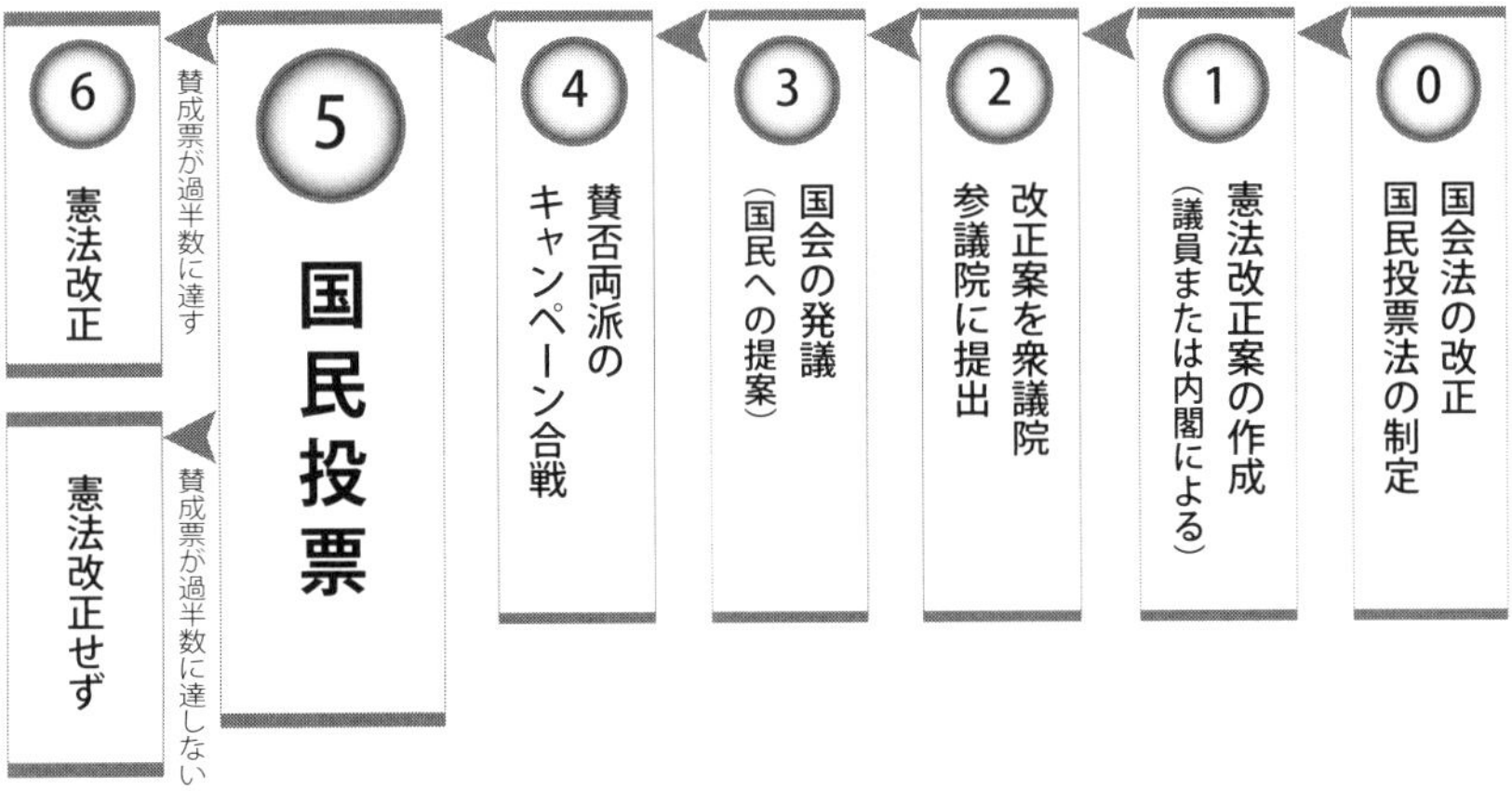

図２　憲法改正手続とその方法を知っているか否か

Q「日本の憲法を改正する手続を知っていますか。それはどんな手続でしょうか」

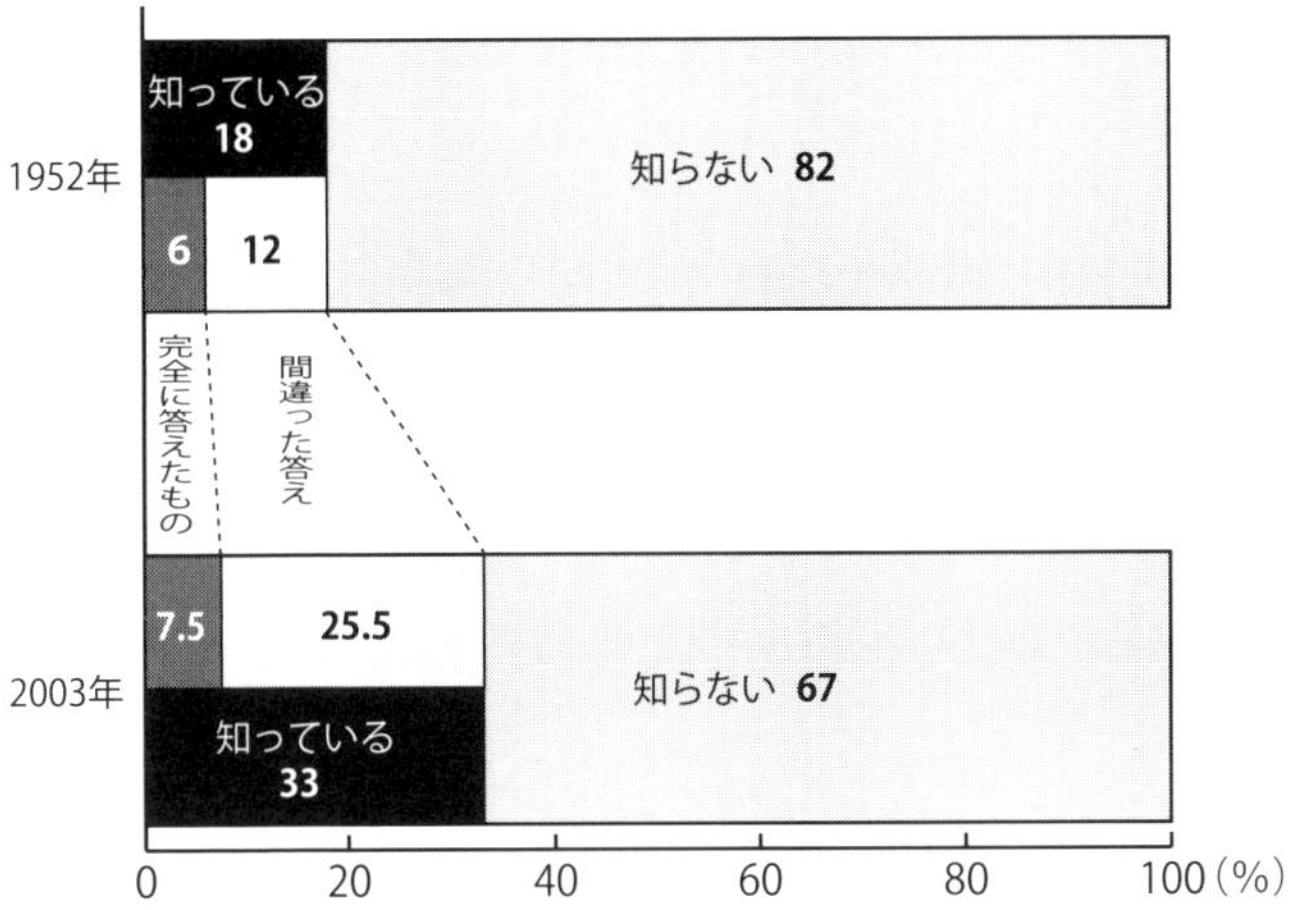

注：1952年は朝日新聞の調査。
　　2003年は今井が編成したスタッフによる対面調査。

憲法改正は「多数の国会議員が賛成したらできる」とか「内閣総理大臣が決めたらできる」と誤解している人がほとんど。言うまでもなく、衆参「各議院の総議員の三分の二以上の賛成」があってできるのは、憲法改正の国会発議《はつぎ》(=国民への提案)までで、改正は、その是非を問う国民投票を実施し、主権者の承認を得なければ成立しません。

このように、日本国憲法はスイスや韓国の憲法同様、容易《たやす》く改正ができない硬性憲法になっています。改正の発議に必要な「三分の二のハードル」を跳び越えられない改憲派は、長らく、ハードルの下を潜《くぐ》って「解釈改憲」を進めるしかありませんでした。けれども、先の国政選挙での共産、社民両党の凋落《ちょうらく》により状況は一変しました。改憲派が「ハードル」を越える脚力を得た今「九条改憲」の是非を問う国民投票が、具体的な政治日程として組み込まれつつあるのです。

正規の憲法改正の手続は「改正案の作成」(図1の1)から始まるのですが、国民投票を実施する際のルールとなる「国民投票法の制定」と「国会法の改正」(図1の0)が不可欠。与党である自公両党はその法案を近い将来国会に提出し、民主党案との調整を図りながら、遅くとも〇六年の春までに成立に持ち込む構えです。

こうした動きに共社両党や護憲グループなどオーソドックスな九条護憲派は強く反発しているのですが、彼らの主張には一つの典型があり、それはおおむね次の四つの柱で構成されています。

❶ 戦争放棄を謳《うた》った憲法九条は世界に誇るべき人類の宝。暴力の連鎖が広がる今こそ、九条を護《まも》ることの意義は大きい。

❷国会内では改憲派の議員が多数を制する状況になっているが、国民の多数は九条改憲を望んではいない。

❸だから、改憲勢力に対抗するために、院外において九条を護ろうという国民との共同戦線を築かねばならない。

❹とはいえ、九条改正の是非を問う国民投票の実施は回避すべし。つまり、改正の国会発議は阻止せねばならないし、投票実施のルールとなる国民投票法の成立にも反対する。

九条護憲派への疑問

❶❷❸に関してはは理解できるのですが、腑《ふ》に落ちないのは❹への展開。国民の多数は九条を支持している、国民との共同戦線を築かねばならない――と言いながら、彼らはなぜ国民投票の実施、国民投票での決着に反対するのでしょうか。

(改憲派が国会の多数を制したけれど)「議会の意思と民意とは違いますよ、多くの国民は九条改憲に反対しています」

護憲派の象徴的存在とも言える土井たか子氏は、最近よくこのフレーズを使います。九条改憲に関する国会の多数意思と国民の多数意思はねじれていると主張する彼女ですが、「だから国民投票に勝利して九条改憲を葬り去る」とは決して言いません。「だから、改正の国会発議はさせない、国民投票は実施させない」となるのです。

私はそんな彼らの主張や姿勢に多大な疑問を抱いているのですが、以下、三つのことを指摘します。

①国民投票による決着を否定することは「主権在民」に反するのではありませんか？

憲法改正手続を記した九六条の規定は、たとえ全国会議員が賛成しても憲法は議員の意思だけで変えることができず、国民が最終的な決定権を握っているというもの。現行の選挙制度にさまざまな問題があるとはいえ、間接民主制で選出された国会議員の（各院）三分の二以上の賛成をもって国会が国民に「改正」を提案し、国民投票でその是非を決めるという制度は主権在民を保障したきわめて民主的なものになっています。この手続をきちんと踏んで「改正」あるいは「改正せず」と決まれば、それは主権者の多数意見として尊重し受け入れるのが筋ではないでしょうか。

②「国民との共同戦線を」と言いながら、国民を愚かしい存在として認識しているのではないですか？

国民投票での決着に反対する九条護憲派の学者や活動家は、このように述べます。

「安全保障問題は日本人が最も冷静な議論を苦手とする分野」

「日本人はマスコミの宣伝に躍らされたり流されたりして、賢明で冷静な判断ができない」

言葉を選んではいますが、要するに国民投票は「衆愚《しゅうぐ》政治」を招くというのが彼らの本音。自分は「九条改憲」についてよく理解し賢明な判断をする能力がある。しかし、多くの隣人は……ということなのです。

こういった考えで国民投票に否定的な立場をとるのであれば、民主主義について語る資格などないと申し上げるしかありません。私たちは先の世界大戦などを通し、独裁者や一握りのエリートがすべてを取り仕切るのではなく、多数の主権者が取るべき道を選ぶ民主主義が制度として（弱点はあっても）最良であるということを学びました。だから、私たちが為《な》すべきは自分はもちろん隣人もまた賢明な一票を投ずるよう互いに高め合うことであり、その努力を怠ったり、自分たちは愚《おろ》かしい存在だとして国民投票による決着を否定するのは、主権者たる地位を自ら放棄することではないでしょうか。

幸いなことに、報道機関などいくつかの世論調査によると、日本国民の八割が「重要なことは議員任せにせず、国民投票で決定すべきだ」と考えています。これは、政治に実効力をもって関与したいという健全な意思の表れにほかなりません。

③九条護憲派は、明文改憲を阻止するための具体的な方策を示していないのではないですか？

諸外国の制度を見ても、憲法改正を最終決定する方法は、大きく分けて次の二つしかありません。一つは議会の採決で、もう一つは国民投票。護憲派が国民投票による最終決定という方式を否定するなら、彼らの敵である改憲派が多数を占めている議会に委ねるしかないのです。でも、もちろん護憲派はそれに同意しないでしょう。議会もだめ、国民投票もだめ。これではまるで駄々《だだ》っ子ですが、いったいどうやって九条改憲を阻《はば》むというのでしょうか。彼らは、その具体的な方策を、今日に至るまでまったく示しておらず、「国民投票法の成立を阻もう」などと、できもしないことをできるかのように言うだけです。

国民投票法の制定には民主党も賛成しており、反対しているのは衆参総議員の数%にすぎない共社両党の議員のみ。最近では、社民党もまた「真っ当なもの」であることを条件に、その制定に反対しないと言っています。これでどうやって国民投票法の成立を阻止するというのでしょうか。

同様に国会発議においても「三分の一の防壁」(各院総議員の三分の一以上の反対)を確保することはかなり難しく、早ければ二年後の二〇〇七年秋にも「九条改憲」の是非を問う国民投票が実施される可能性があります。にもかかわらず、九条護憲派は国民投票で勝利することに全力を尽くそうと言うのではなく、投票実施を回避することに力を注ぐべしと言うのです。事ここに至るも、護憲派は国民投票に向けての具体的な準備をまるっきり怠っています。

④国民投票での決着回避は「解釈改憲」の進行を促すだけ。これは最悪の展開ではないですか?

仮に「三分の一の防壁」を設け「改正案の国会発議↓国民投票」の実施を阻んだとしても、護憲派の勝利とはなりません。なぜなら、政府・自民党は「解釈改憲」をさらに進めるだけだから。安倍晋三氏をはじめとする自民党のニューリーダーたちは、現状では、明文改憲の必要はなく法解釈の変更によって現行憲法下での「集団的自衛権の行使」を認めればいいと言明しています。したがって、たとえ九条の条文は護れても実質的な改憲を許すことになってしまうのです。

本来「改憲の是非」に関する決定は、主権者である国民が直接関与できることになっているのに、それを果たせず国会内の多数派議員だけで決めてしまうというのは最悪の展開ではないでしょうか？

葛藤する人々

以上、九条護憲派に対して抱いている基本的な疑問を示しましたが、実は九条護憲派に位置する人の中にも、私と同じような疑問を抱く人が現れ始めています。

たとえば、かつて大手新聞社で編集局次長を務めたA氏は、一〇年前「九条問題は国民投票で決着を……」と言った私に対して、「憲法九条は人類の理想じゃないか。せっかくそれを手にしているというのに、わざわざ負けるかもしれない国民投票にかける必要はない」と反駁《はんばく》しました。九条に対する彼の思いは今もまったく変わっていませんが、有事三法の国会審議が始まった頃から彼は「国民投票での決着」に賛成するようになりました。「解釈改憲」による九条の形骸化に歯止めをかけるためには、それしかないと考えたからです。

長らく平和運動にかかわってきた国立《くにたち》市長の上原公子《うえはらひろこ》さんも「国民投票での決着」に賛成しています。

理由はA氏とほぼ同じですが、国民投票を実施することによって、九条、戦争、軍隊について一人ひとりの国民が真剣に考え、己《おのれ》の信念を確かめる作業を行なわない限り、この崇高《すうこう》な憲法を生かし育《はぐく》むことはできないと考えるようになったといいます。

○三年年秋、私は国民投票での決着を避ける「護憲派、解釈改憲派」双方を批判する『「憲法九条」国民投票』と題した本を上梓《じょうし》しました。刊行直後は、護憲派の学者や作家、活動家から猛烈なバッシングを浴びたものの、最近では各地の市民グループや九条護憲グループが主催する勉強会に招かれるようになりました。時としてそこには、共産党、社民党の党員や支持者が参加しているのですが、彼らは異口同音に先ほど掲げた❶❷❸の題目を威勢よく唱えてみせるのです。

そういう人たちに向かって私が、ではどうやって「明文改憲」を阻止し、どうやって「解釈改憲」の進行を止めるのかと訊ねると、みなさん「うーん……」という唸《うな》り声をあげ言葉を失い、やがて「国民投票は民主的であるとは思うけど、もし勝てなかったら……」などと呟《つぶや》き、顔をしかめるのです。九条護憲派は今、大いに葛藤《かっとう》しています。

やがて一つの塊に

改憲・護憲両派に共通して言えるのは、決してまだ一枚岩になってはいないということ。

一口で九条改憲派と言っても実に多様で、政府が現行憲法の無効を宣言し、国会の中だけで(九条を含め)新しい憲法を制定すればいいという乱暴な主張をする人たちもいれば、憲法九六条に定められている改正手続をきっちりと踏んで九条を変えるべしという遵法派《じゅんぽう》もいます。また、その遵法派のなかでも改正案の文言については、いくつもの異なった意見が見受けられます。そして、こうした異論は、政党や議員のなかに存在するだけではなく、多くの市民や学者のなかにもあります。

九条護憲派のほうもまた確固たる意思統一がなされてはいません。これまで通り、衆参両院で三分の一以上の勢力を形成することで九条改正の発議を阻止すべし、という意見が根強いのですが、最近では、社共の凋落によって三分の一の防波堤が決壊した今、決戦の場を国会の外(つまり国民投票)に移すしかないと考える人が増えつつあります。

このように、改憲、護憲双方とも、現在は一つの塊を形成するに至っていませんが、改憲派が近い将来一つになるのは間違いありません。なぜなら、改憲の国会発議のためにはその「改正案」を作り衆参両院で三分の二以上の賛同を得なければならないという規定があり、このハードルをクリアするためには、改憲派は意見を調整して一つにならざるをえないからです。バラバラのままでいては、統一した改正案も作成できないし、その発議も不可能。「九六条」の規定が改憲派を一つにまとめ上げる触媒《しょくばい》になるということです。

こうした改憲勢力の大きな塊に対抗するためには、護憲派もまた一つにならなければなりません。しかしながら、改憲派にとって正触媒となる「九六条」は、今のところ護憲派には負触媒となっています。護憲派の多くは、九条改憲の是非を問う国民投票は回避すべしと主張するばかりで、いまだ有効な戦略を掲げられずにいます。九条護憲派には、無数の市民を巻き込んだ戦線の形成など自分たちが統一に向かうためのモチベーションを急いで探り、それを果敢に実行していただきたい。でなければ、もし国民投票が実施された場合、議論を深めることなく一方的な九条改憲のPRを見聞きするだけで投票日を迎えることになってしまうでしょう。せっかくの民主的な制度が十分活かされないまま、そのような形で「戦争、軍隊、この国の行方」が決まってしまうのは何としても避けたいものです。

この際、九条護憲派は退路を断ち、国民の主権行使を尊重して最終決着の場に臨む覚悟を決めていただきたい。

9条改憲どうなる?・こうなる?
国民投票シミュレーション

イラスト MICHIKO

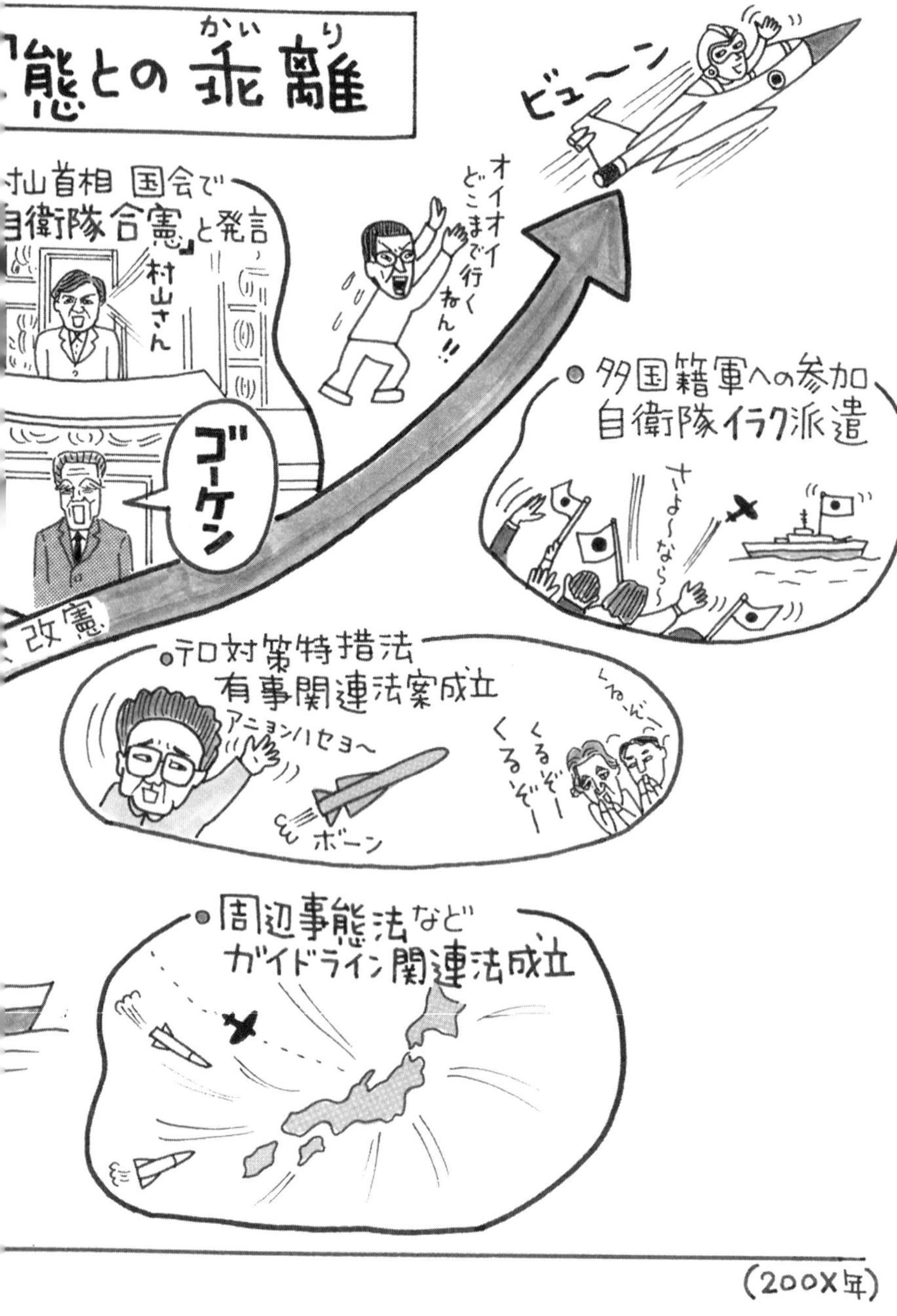

態との乖離《かいり》
ビューーン
オイオイどこまで行くねん!!
首相 国会で
自衛隊合憲』と発言
村山さん
ゴーケン
改憲
多国籍軍への参加
自衛隊イラク派遣
さよ〜なら〜
テロ対策特措法
有事関連法案成立
アニョンハセヨ〜
ボーン
くるぞー
くるぞー
周辺事態法など
ガイドライン関連法成立
(200X年)

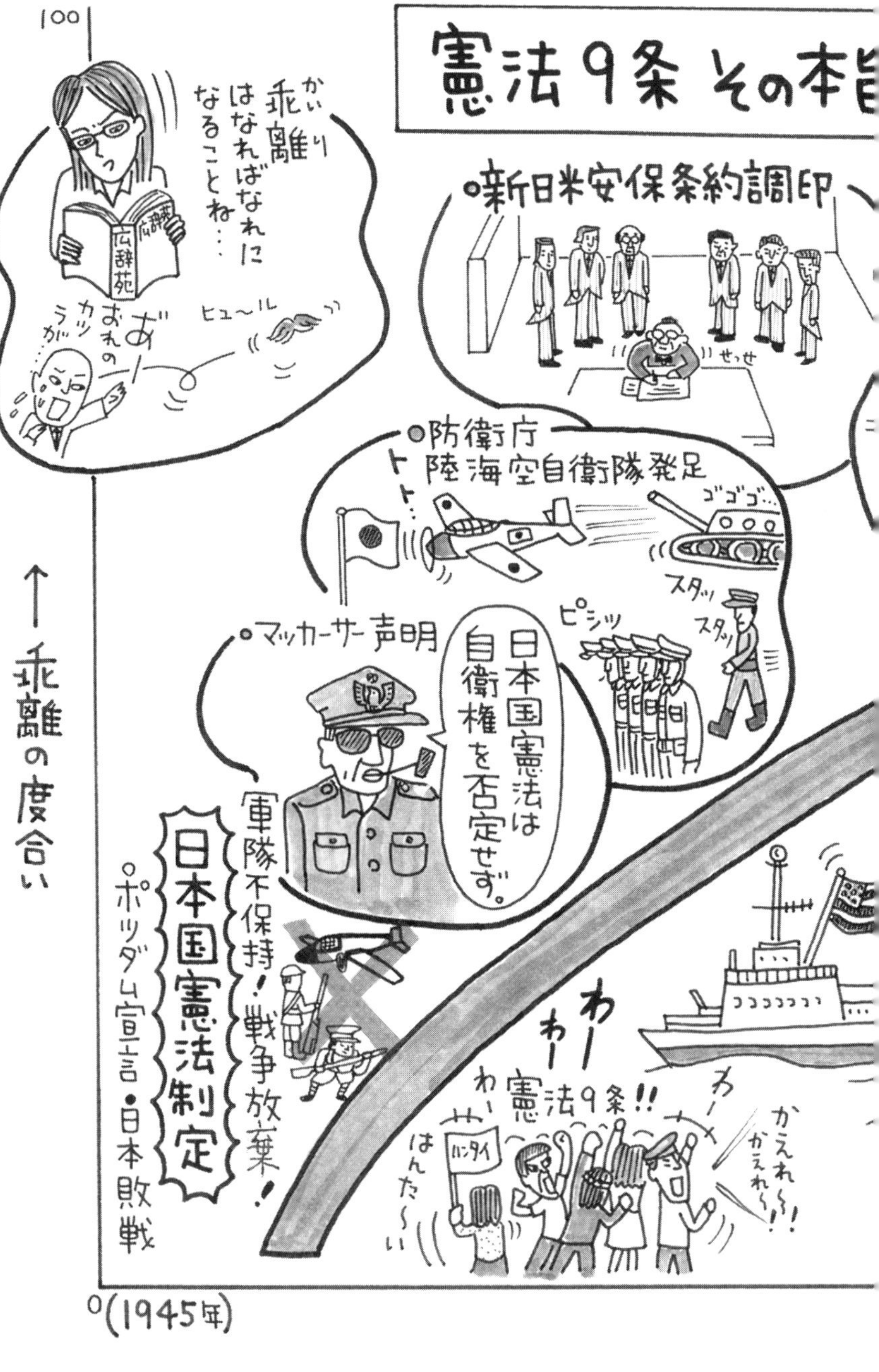
100
憲法9条 その本
乖離《かいり》 はなればなれになることね・・・
広辞苑
あ〜! おれのカツラが・・・
ヒュ〜ル
○新日米安保条約調印
せっせ
○防衛庁
陸海空自衛隊発足
トトト…
ゴゴゴ…
スタッ
スタッ
ピシッ
○マッカーサー声明
日本国憲法は自衛権を否定せず。
軍隊不保持! 戦争放棄!
日本国憲法制定
○ポツダム宣言・日本敗戦
わー
わー
わー
憲法9条!!
わー
ハンタイ
はんた〜い
かえれ〜! かえれ〜!!
↑ 乖離の度合い
0(1945年)

憲法9条の本旨と実態との乖離を、なくすために、実態に合わせて9条を、改正すべきだ！
左もいいけど
右だ！
右だよっ！
右っ！
小泉ソーリ
乖離が拡がったっていいよ、解釈改憲をどんどん進めていこう!!
左だけで充分だ！
安倍センセー
オラオラオラオラー
解釈
解釈
明文
9条
9条
シュッ
シュッ
シュッ
うーむ
国民
やばんねぇー!
闘わなくっても…
土井たか子
志位和夫
左はダメだ〜！お前の右を信じるぞ〜
民主党仙谷センセー
自衛隊の存在を憲法規定として認め、その活動にしばりをかけた方がいい。野放しの解釈改憲は危険！
みんなそれぞれね
右のストレートは破壊力があるけどカウンターパンチ（国民投票で負けるリスク）がありますから……
シュッ
解説
レフェリーは国民自身ね！
試合が、はじまったらそういうことです。

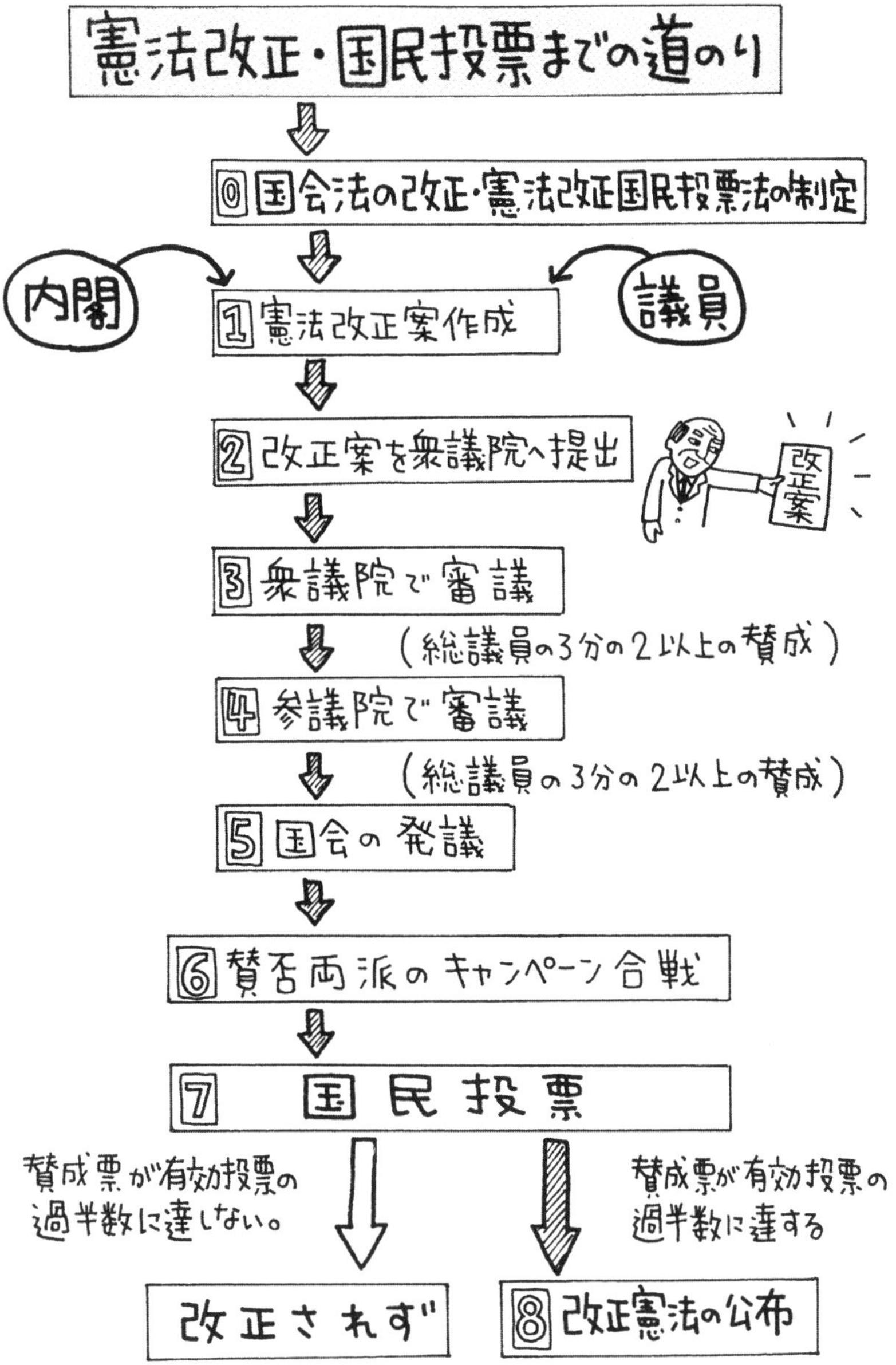
憲法改正・国民投票までの道のり
0 国会法の改正・憲法改正国民投票法の制定
内閣
議員
1 憲法改正案作成
2 改正案を衆議院へ提出
改正案
3 衆議院で審議
（総議員の3分の2以上の賛成）
4 参議院で審議
（総議員の3分の2以上の賛成）
5 国会の発議
6 賛否両派のキャンペーン合戦
7 国民投票
賛成票が有効投票の過半数に達しない。
賛成票が有効投票の過半数に達する
改正されず
8 改正憲法の公布

2006年春

国民投票法制定

①18歳以上に**投票権**を与える。

②**戸別訪問**などキャンペーンは原則**自由**とする。

③テーマ毎に**個別に賛否**を問う投票方式をとる。

自民・民主
合意へ！
9条 改憲 民主党案
う～ん 違いは少ないわね…
9条 改憲 自民党案
協議を重ねる
この表現が
はよ決めよ
前文で
こ～だ
そこにはこだわりたい…
あ～だ
9条はやっぱり…
2007年春 合意！
2007年8月
国会提出！
自民
民主
衆議院で審議開始
ワタクシは反対であります。
共産・社民は反対討論
2007年9月
参議院でも審議開始！
可決
憲法改正発議へ…

2007年9月28日 国民に「9条改正」を提案！

TV討論
自衛隊は、改憲賛成派が勝てば正規の軍隊になるわけだけど、もし反対派が勝てば、どうなるんですか？
現状のままですよ。イラクにも行くしネ。
激論"9条改憲"
それはおかしい！改組しないと…
軍隊としての機能を廃し、災害救助隊に特化すべきだ！
のぼり
賛成に一票を!!
投票にはかならず行って下さい
反対しましょう!!
反対に一票を
激しいキャンペーン合戦へ!!
サンセー
サンセー
サンセー
サンセー
賛成
サンセー
賛成
ハンタイ
ハンタイ
ハンタイ
反対に一票を!
反対
反対
反対ニャー
プラカード作戦

居酒屋でも
お前、どっちに入れるんだよー!!
何てったって国民投票だよ…
ヒック
憲法なんてカンケーねえよ!
家庭でも
私も投票できるの?!
あなたは改憲なの?私は護憲よ!!
北朝鮮が…
ぼくも徴兵されるの?
インターネット
カタカタ
賛成…
カタ
カタカタ
やっぱり反対でしょ……
カタカタ
海外からも
ヒロシマナガサキ…
コクレンが…
内戦をおこさないようにしてね!
安全
ワー
ワー
サンセー
反対
ハンターイ
ワー
いよいよ投票日を迎える
2007年11月25日投票
投票箱
国民1人ひとりが日本の運命を決める日!

そして・・・
9条改憲派の勝利！
○自衛のための交戦権を認める
○集団的自衛権の行使OK
明文
コレデエンリョハ
イラナイネ！
ブッシュ
解釈
日本軍（自衛軍）誕生！

自衛隊は段階的に改組！
9条護憲派の勝利！
○災害救助隊や
国境警備隊に特化すべし
9条
コレゾヒボーリョク！
ガンジー

資料

〈真っ当な国民投票のルールを作る会〉の「市民案」と要望書

「国会法」および「憲法改正国民投票法」の改正・策定に関する要望書

わが国では、地方自治体の政治においては直接民主制と間接民主制とを併用しています。一方、国政においては原則的に間接民主制一本で事を進めていますが、唯一「憲法改正」だけは直接民主制を採用しています。そのことが持つ意味はきわめて重要です。

「国民主権」というのは一言でいうなら国家意思を決定する権限を国民が持っているということにほかならず、憲法96条の規定はそれを直接民主制により保障するものです。たとえ、衆参各院の大多数の議員が一致して改憲を望んだとしても、決してそれを果たせないということ。そして、最終的には実施される国民投票を通して主権者一人ひとりが採否の決定権を握っているということ。「国民主権」を追求したこの96条の規定が持つ意味を私たちはより深くかみしめ、主権者としての自覚を強めなければならないと考えています。

現在、「9条」その他の項目に関して改憲の是非を問う国民投票を実施することが、政治的日程として組み込まれつつありますが、この国民投票をどんなルールで実施するのかについては、議員や官僚任せにせず、国民みんなで考え主権者の意思が正確に反映されるようにしたいと私たちは考えています。そこで、国会議員が国会に提出する「国民投票法」や「改正国会法」の法案とは別に、市民の側が真っ当な国民投票のルール案を作り、広く主権者たる国民に示すと共に、憲法調査会や全議員にその採用を求めることにしました。

04年の春以降、学者、主婦、学生、議員、ジャーナリストなどさまざまな職にある人々が知恵を出し合い「真っ当な国民投票のルール作り」を進め、ここに「市民案」を簡潔に取りまとめました。

私たちは、「護憲派」「改憲派」どちらかに有利になるルールではなく、その枠を超えた公平で真っ当なルール作りを心がけました。そのことを御理解いただき、この「市民案」を誠意をもって検討し、採用していただくよう要望します。

私達は要望します（あいうえお順）

略

（※三〇〇人を超す連署。詳しくはホームページ http://www.geocities.jp/kokumintohyo/rulereport.html を参照のこと。）

真っ当な国民投票のルール・「市民案」

【1】投票方式について

複数のテーマ、項目について「改正」の賛否を問う場合は、「一括投票」ではなく「個別投票」により有権者の意思を確認する方式をとるべきである。

現行憲法の「9条」や「96条」の「改正」。あるいは、新たに「環境権」や「プライバシー権」を憲法に盛り込む動きが見られるが、こうした「改正」の賛否を問う場合、複数の異なる事案を一くくりにし「改正に賛成ですか?反対ですか?」と訊ね、投票用紙の賛否記入欄を一つにして答えさせる一括投票方式が採られてはならない。このような一括投票方式は、主権者である国民の民意を正確に反映するものとはならず、個別投票方式にすべきだ。

通常、諸外国において一括投票方式をとるのは、憲法の全面的な改正を図る場合に限られ、「9条」「環境権」「プライバシー権」など複数のまったくテーマ性が異なる事案や、関連性が薄い事案について、その是非を問う投票を同日に行なう場合は、事案毎に別個に是非を問う投票方式がとられている。

一括投票ではなく個別投票を実現するためにはどのような立法措置が必要なのか。問題は発議の仕方だ。個別に発議されれば、個別に是非を投票することになるが、一括して発議されれば一括して投票されることになる。したがって、「改正国会法」の中に、異なったテーマ同士の一括発議を不可能にするための文言を記せば個別投票が実現される。

現在公表されている憲法調査推進議員連盟の「国会法改正案」の試案では、各条項別の提案とするか、複数の条項の一括（抱き合わせ）提案を認めるかに関して、いかなる提案も可能となっている。これに手を加え、憲法改正発議を条項毎に行なわせるためには、下記のような文言を改正国会法の中に盛り込めばいい。

憲法改正案の発議は、部分改正の場合において、変更修正の場合は、前文および各条を単位として改正案を発議しなければならない。追加修正の場合においても同様とする。ただし、関連して他の条の改正を伴わざるを得ない場合はこの限りではない。

私たちは、立法府である衆参両院に対してこうした立法措置を求める。

【2】賛否を訴えるキャンペーン活動について

賛否両派のキャンペーン活動については戸別訪問を禁止しないなど、公職選挙法に準じない国民投票独自のルール設定を行なうべきである。

制定する国民投票法においては、キャンペーン活動について脅迫・買収以外は基本的に自由とするなど、公職選挙法で定められているさまざまな規制を取り払う独自のルール設定を行なうべきだと考える。公務員のキャンペーン活動に関しては、地位を利用したものでなければ、その自由を制限してはならない。

国民投票が選挙と異なることを国民が理解するためにも、各地の住民投票制度で認められているような集会の自由な開催や文書の自由な配布が可能であることを国民投票法に明記すべきである。また、政府や自治体が質的にも量的にも豊かな国民投票を実現させるために、情報の無償提供、集会場の無償提供などを義務づける規定を設けるべきである。

【3】情報媒体を使ったPRについて

新聞・雑誌・ラジオ・テレビ・イ

ンターネットなど情報媒体を使っての賛否両派のPRは原則自由とする。ただし、放送媒体の「スポットPR」は認めてはならない。

新聞・雑誌・ラジオ・テレビ・インターネットなど情報媒体を使っての賛否両派のPRは原則自由とすべきである。ただし、事実に基づかない主張、公序良俗に反する主張は認められるべきではない。

また、ラジオ、テレビ放送における「スポットPR」では、「改正」の是非に関する本質的な事柄を伝えられるはずがなく、イメージ戦略として活用されるだけである。こうしたことは、投票権者の理性的判断を促すのではなく、マインドコントロールを引き起こす可能性が高い。

【4】情報媒体における自らの意見の主張について

情報媒体において、その企業、社内記者、社外のコメンテーターらが、賛否に関して自らの意見を主張することについて、これを規制してはならない。

「改正」の賛否について、企業の姿勢や記者の意見を明確に打ち出すことは誤りではなく、国民が賛否を判断するための有用な材料となる。

【5】投票権者について

憲法改正国民投票の投票権は、通常の選挙における投票権者に加えて、18歳以上の日本国籍を有する者に認められるべきである。

諸外国では大半が18歳以上の国民に選挙権及び国民投票権を認めており、わが国でも各地の住民投票において20歳未満の住民に投票権を認めるケースが増えつつある。

わが国では、選挙においては20歳以上の国民に投票権を認めているが、この年齢規定は憲法ではなく、公職選挙法によって定められているものである。したがって、国民投票法によって「18歳以上」と定めれば、法的には何ら問題はない。とはいえ、選挙と国民投票の投票権者が異なるのは諸外国の例からいっても合理性に欠けており、早い時期に公職選挙法を改正して「18歳以上」に投票権を与えるべきだと考える。

なお、通常の選挙では認められていない重度身体障害者の在宅投票・代理投票を認めるべきである。

【6】成立要件について

改正賛成票が有効投票の過半数を制したら「改正成立」とすべきである。

国の最高法規なのだから投票率が50%に達しない場合は国民投票自体を無効とすべきだという意見がある。他方「50%ルール」の設定は、徳島市や門真市の住民投票で起きたようなボイコット運動を誘引するので良くないという意見がある。つまり、改正反対派が、国民投票での決着ではなく国民投票を不成立にすることによって「勝利」を得ようと考え行動するのは、主権者の直接投票による国家意思の決定という民主的な制度を否定するものだという考えだ。

いずれにしても、成立要件について憲法96条で規定されていない「ハードル」を、法律で新たに加えるのは違憲であると考える。

なお、憲法96条の規定にある「その過半数の賛成」は「有効投票の過半数」と解すべきで、「有権者総数の過半数」と読み取るのは無理がある。

【7】国会発議から投票までの期間について

国会発議から国民投票までの期間は60日以上120日以内とすべきである。

国会発議つまり国会の国民への改正提案から投票まで、国民が十分な情報を収集し、学び考え話し合う時間をとるべきであり、60日以上120日以内という期間が相当だと考える。

【8】単独実施か国政選挙との同日実施かについて

憲法96条の規定では、国民投票について国政選挙が行なわれる際の同時実施、国政選挙とは別の単独実施、いずれも認められているが、単独実施が望ましいと考える。

国民にとって未経験の国民投票だけに国政選挙とは別に実施し、主権者国民の意思が選挙活動に影響を受けない純粋な形で示されるようにしたい。

また、国民投票に関して公職選挙法に準じない独立したルール設定をしながら選挙と同時に実施した場合、通常の選挙活動か国民投票のキャンペーン活動かを判別するのはきわめて困難となる。

【9】憲法改正案の公的な「解説」、「広報」について

国会が発議した憲法改正案について、なぜ改正すべきだと考えるのか、改正されたらどうなるのか、改正されなかったらどうなるのか——そうしたことを詳細かつ具体的に解説した広報文書を改正反対論も添え、国会の名においてそれを発行し、すべての投票権者に配布すべきである。なお、その作成者は国会図書館が望ましい。

情報媒体や個人がこうした分析や解説を行うのは自由で、自らが有する媒体やインターネットなどを使って広範な人々にそれを示すことを規制してはならない。

そうした動きとは別に、改正の発議者である国会は投票権者に対して、投票対象となる案件に関する情報を可能な限り提供すると同時に、自らの責任において解説書の配布を行なわなければならない。こうした解説書については、国民投票の度に議会が発行しているスイスなどの例を範とすべきだ。

◆編著者紹介

今井 一（いまい・はじめ）

一九五四年、大阪市生まれ。
ポーランドの民主化運動を取材した
『チェシチ！――うねるポーランドへ』（一九八九年）で
ノンフィクション朝日ジャーナル大賞受賞。
その後、ジャーナリストとして、新潟県巻町、岐阜県御嵩町、
沖縄県名護市、徳島市など各地の住民投票の現場を精力的に取材。
「住民投票立法フォーラム」事務局長。
著書に『住民投票――観客民主主義を超えて』
『大事なことは国民投票で決めよう！』
『「憲法九条」国民投票』など多数。

「9条《きゅうじょう》」変《か》えるか変《か》えないか
憲法改正《けんぽうかいせい》・国民投票《こくみんとうひょう》のルールブック

二〇〇五年五月九日　第一版第一刷発行

編著者　今井 一
発行人　成澤壽信
編集人　木村暢恵
発行所　株式会社 現代人文社

〒一六〇－〇〇一六
東京都新宿区信濃町二〇佐藤ビル二〇一
電　話：〇三－五三三七－〇三〇七(代)
ＦＡＸ：〇三－五三三七－五三八八
E-mail：daihyo@genjin.jp
Ｗｅｂ：http://www.genjin.jp

装　幀　清水良洋（Push-up）
写　真　初沢亜利
漫画・イラスト　村上美智子

発売所　株式会社 大学図書
印刷所　モリモト印刷 株式会社

検印省略　Printed in JAPAN

ISBN 4-87798-256-6 C0036